JN025099

読んだら一生お金に困らない

N/S高投資部の教科書

N/S高投資部 著
村上世彰 監修

東洋経済新報社

はじめに

みなさん、こんにちは。N/S高投資部特別顧問の村上世彰です。

この本では、学校では教えてくれないことを解説します。それは、高校生の君たちが社会に出てから、お金に振り回されることのない人生を手に入れる秘訣です。

君たちはいままで、家庭や学校で、お金や投資について教えてもらったことがありますか。「お金のことなんて学ばなくていい」――、子どもに向かって、そのようなことを言う大人が少なくありません。だから、お金や投資の本質を知らないまま社会に出て、お金に振り回されて苦労する人が多いのではないでしょうか。

君たちの人生に、お金の存在は必要不可欠です。住んでいる家も衣類も勉強道具も、日常生活のすべてが、お金との交換によって手に入れたものです。つまり、お金は悪いものではなく、生活を便利にする道具であり、私たちの大切なパートナーなのです。

私がN/S高投資部特別顧問として高校生の部員たちに教えてきた「お金や投資の本質」を、もっと多くの高校生たちに知ってもらいたい――、これがこの本のねらいです。

お金は大工さんの道具と同じです。うまく使いこなせば、いろんなものをつくることができます。ほしいものを買うことも、夢を叶えることも、将来の不安をなくすことも、そして社会を良くしようとする人や会社を応援することもできます。

もうひとつ、高校生の君たちに、知ってもらいたい大切なことがあります。それは、君たちが挑戦し続けることで、君たちの未来も社会も変わるということです。

もちろん挑戦したことのすべてが成功するとは限りません。失敗することのほうが多いでしょう。でも、失敗を恐れていては何も成し遂げられません。私も何度も失敗を繰り返しています。でも、挑戦することをやめようと思ったことはありません。

私が金融教育として株式投資を教えているのは、挑戦することの大切さを学ぶことができるからです。当然、失敗して損をすることもあります。でも、損をするから多くのことを真剣に学ぶことができるのです。お金の怖さを知ることも、そのひとつです。

だから、お金や投資の本質を知るには、実際に株式投資を行うことが一番です。少しの額でもいいのです。実際に投資することで、お金について深く考えるようになります。お金と上手に付き合えるようになります。しかも、世の中の仕組みが見えてきます。

この本は、高校生向けの本ですが、お父さんやお母さんでも、お金の不安を持っている人が多いと思います。ぜひ、この本を親子で一緒に読んで、お金や投資の話をしてもらいたいと思っています。

そして高校生の君たちが、本気で株式投資に挑戦することで、社会や経済の仕組みに興味を持ち、どのような学びを得ていくのか、とても楽しみにしています。

２０２１年11月　村上世彰

目次

5時間目 シナリオをもとに売買する！

時間目

一生お金に困らない人生を手に入れる！

＊本書は株式投資の学習を目的にしたものですが、確実な利益を保証するものではありません。投資の最終決定は必ずご自身の判断で行ってください。

1時間目

お金は
お金を生む卵

LESSON 1-1

お金を手に入れる3つの方法

方法❶ 働いて稼ぐ

お金を手にするには、どんな方法があるでしょうか？　高校生なら毎月のお小遣い。社会人なら働いて稼ぐ。これがお金を手に入れる1つめの方法です。

世の中にはたくさんの仕事があります。できることなら、好きなことを仕事にしたい。でも、現実には、どんなに好きでも、それが仕事にならない、仕事にしたくないということもあります。

どのような仕事を選択するにせ

ゲームクリエイター、サッカー選手、イラストレーター…。子どもの頃からの夢を叶える自分を想像するだけで楽しくなります。

よ、大事なことは、お金のことをしっかり考えることです。

いくら好きなことができるからといって、日常の生活さえままならなければ、お金に追われ、お金に縛られて生きる＝お金に支配される人生を送ることになります。

逆に言えば、夢を実現させるためにも、お金に強くならなければならないのです。若い頃にお金で苦労しながら夢を叶えた人の多くは、金銭感覚の優れた人です。

もちろん、より多く稼げる仕事がいいという意味ではありません。仕事を選ぶうえで大事なことは、お金に振り回されない人生を手に入れるために、何ができれば幸せなのか、そのためにいくら稼げばいいのかを考えることです。

旅行が好きな人なら、年に何回か自由に旅行を楽しめるお金を稼ぐことができる仕事なら幸せかもしれません。
最初から好きなことを仕事にできなくても、他の仕事で収入を得ながら夢に向かって頑張ることだってできます。

方法❷ 借金する

世の中には、お金を持っていなくても、お金を用立ててくれる仕組みがあります。

たとえば、クレジットカードを使えば、お金を持っていなくても買い物ができます。分割払いにすれば、月々の支払いを少なくできます。買い物だけでなく、キャッシングもできます。

たしかに、便利ではあるのですが、**よく考えずに利用するのはとても危険です。**借りたお金は返さなければいけない。しかも、金利が付きます。金利15%で１００万円を借りたら、１年後には、余計な出費が15万円も増えるのです。

いつの時代も、お金を貸す仕組みは社会のいたるところに張り巡らされています。簡単にお金を借りることができるので、深く考えずに使ってしまう人もたくさんいます。**借りるのは簡単ですが、返すのはとても大変です。**

借金の返済だけで終わる人生を想像してください。夢のためならなどとは言っていられません。

方法③ 投資する

お金に振り回されない人生を手に入れるためには、お金が必要です。借金をしたり、稼いだお金をすべて使ってしまっては、お金は増えません。

お金がドドっと集まってくる秘訣があります。**働いて稼いだお金の一部を貯める→貯まったお金を投資する→投資して増えたお金をさらに投資する。**このサイクルを回すことで、お金は増えていくのです。

ここで大事なことがあります。それは、「貯める」と「貯め込む」の違いです。「貯める」は、留学するとか、起業するとか、具体的な目的のためにお金を増やすことです。一方で、「貯め込む」は、目的がないまま、お金を手元に抱え込んで手放さないことです。それでは、働いて稼いだお金しか貯まりません。

お金は、お金を生む卵＝金の卵です。貯めたお金に働いてもらうことで、お金が増えていくのです。

お金が増える人 増えない人

働いて稼いだお金を貯めて、投資して増やす。増えたらまた投資する。お金がドドっと集まってくるこのサイクルに関する、たとえ話です。

一攫千金を狙って、多くの人が金を掘っていました。大きな金塊を掘り当てれば、大金持ちです。さて、問題です。この時、もっとも儲かった人は誰でしょうか？

それは、スコップを売った人です。自分は汗水垂らすことなく、金を掘る人にスコップを売るだけで、たくさんのお金を手にすることができたのです。

一時期ブームになったタピオカ

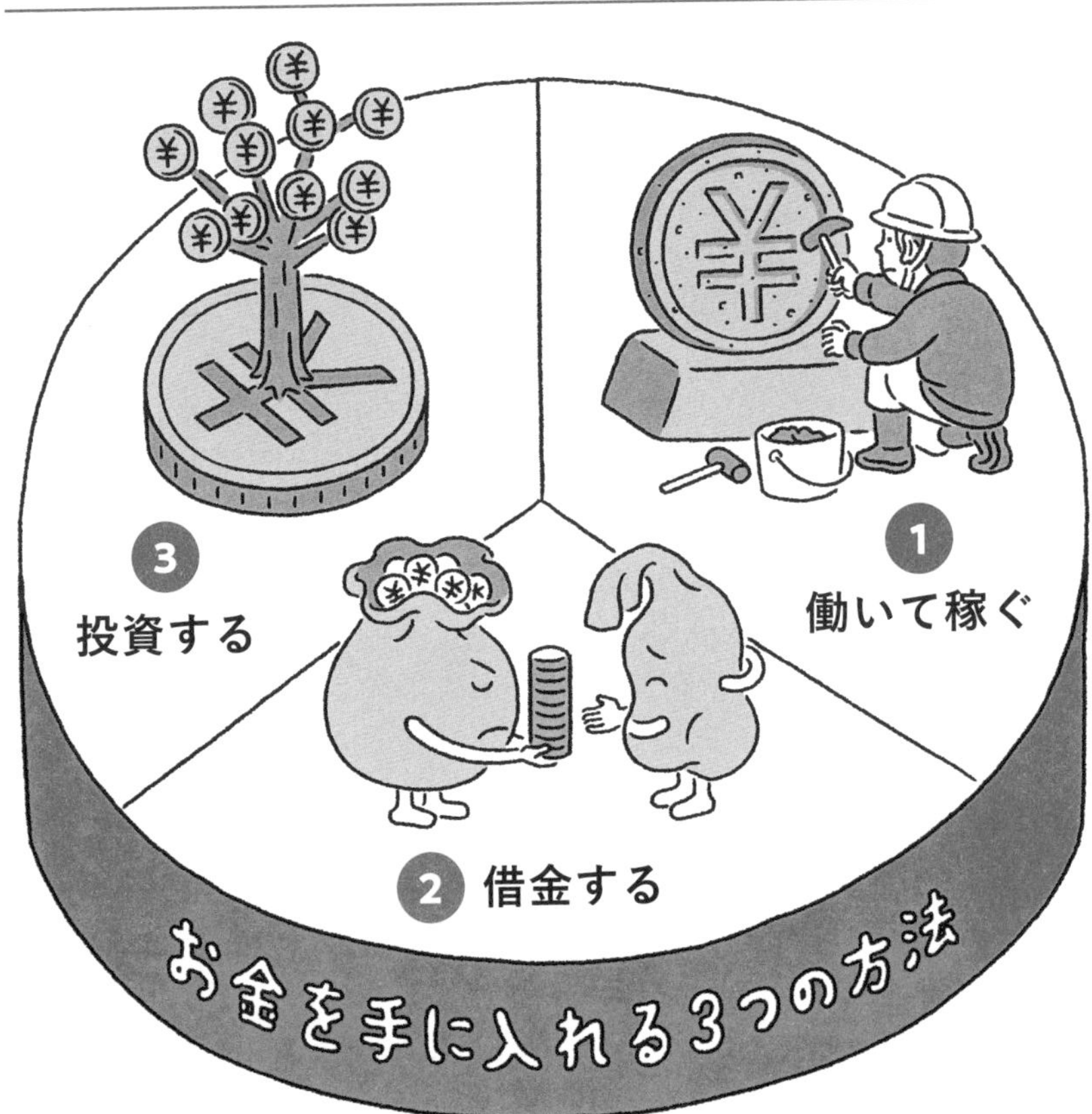

ドリンクでいえば、タピオカ専門店を開く人よりも、多くのお店にタピオカを卸す人のほうが儲かるということです。

投資も同じです。**お金に働いてもらって稼ぐのです。**株式投資でいえば、業績のいい企業で働くのではなく、その企業の株式を買うということです。

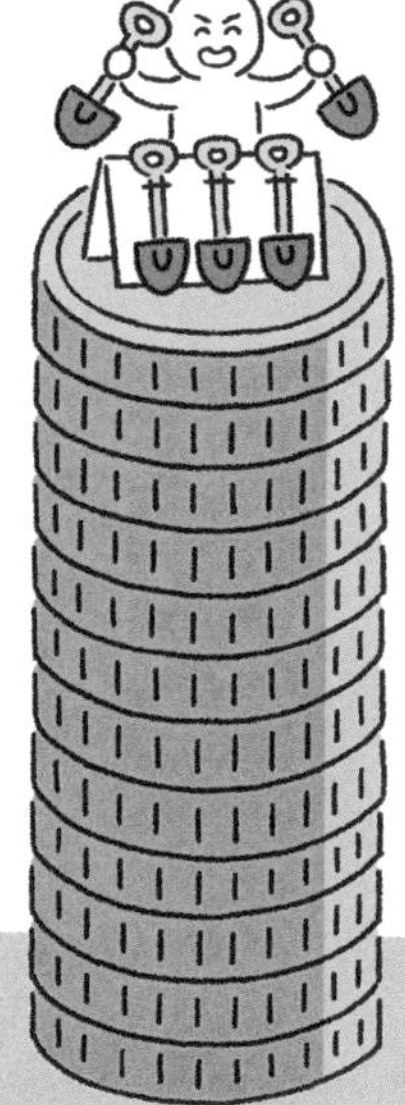

なぜN/S高投資部に入ったの？

樋渡夏怜さん

いま活動している役者業を続けたいと思っています。収入が不安定な職業なので、ちゃんとお金の勉強をしておきたいと思ったからです。

小さい時から自分が知らない世界を知ることが好きでした。投資部の活動で、お金の怖さ、大切さなど、多くのことを学ぶことができると考えたからです。

アイカさん

起業するのが目標なので、投資家の目線でどのような会社に投資したくなるのかを知りたかったからです。

疋田美生さん

LESSON

1-2 お金は生活を便利にする「道具」

お金を貯めるヤツはカッコ悪い？

君は、「お金」と聞いた時、どのようなイメージを持ちますか。賄賂、裏金、守銭奴、政治家、ブラック企業、金の亡者……。一般的にはどうも、あまり良いイメージがなさそうですね。

ちょっと古い調査結果になるのですが、金融広報中央委員会が、「子どものくらしとお金に関する調査」を、２０１５年12月から翌年3月にかけて実施しました。

このなかに、「お金についての

お金についての意識（高校生）

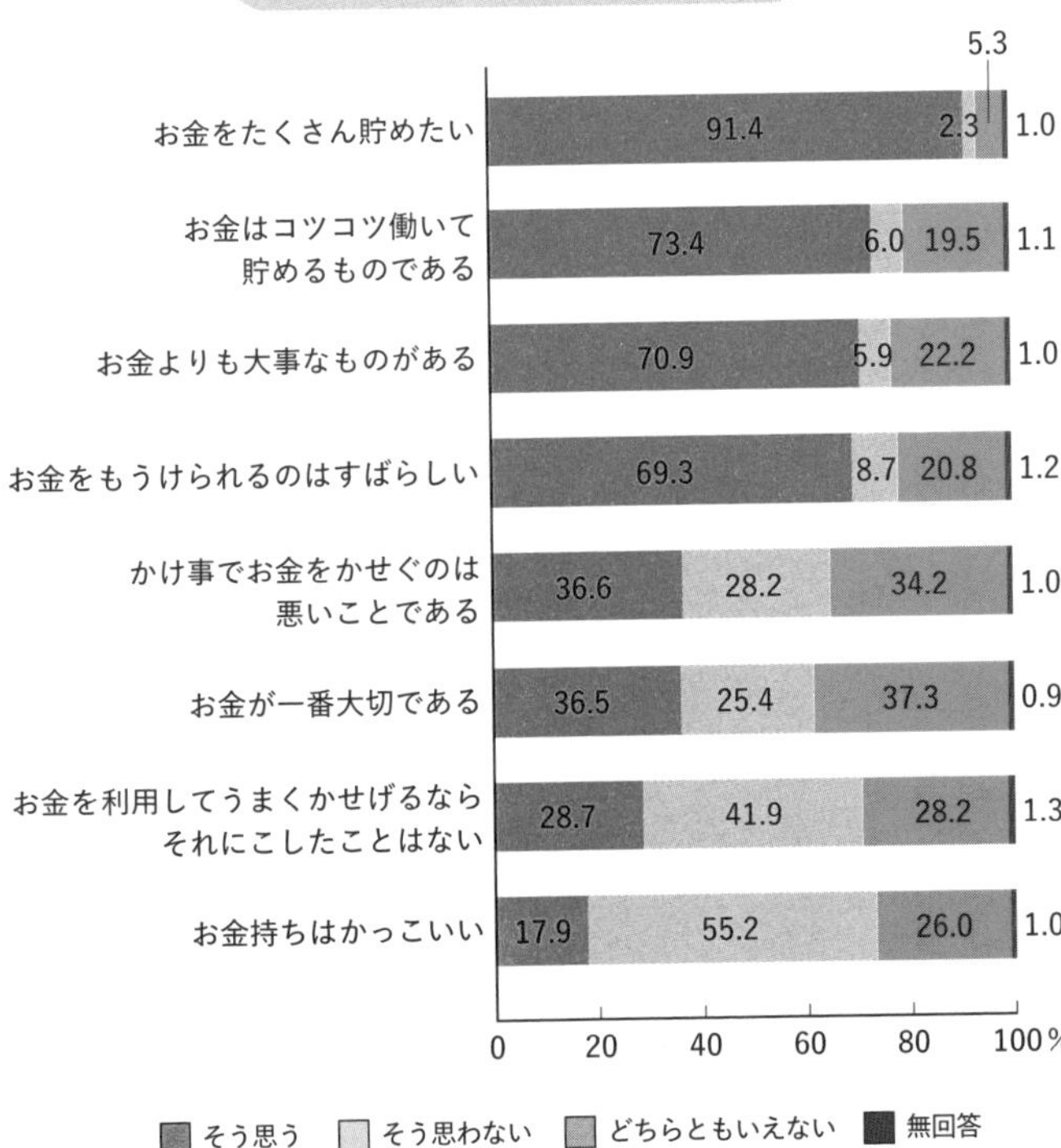

意識」という設問があります。お金についてどのような意識を持っているのかを聞いたものなのですが、高校生が「そう思う」と答えた印象深い数字がありました。

「お金はコツコツ働いて貯めるものである」が73・4％、「お金よりも大事なものがある」が70・9％、「お金持ちはかっこいい」が17・9％。他にも項目はあるのですが、この3つがお金に対するイメージをよく表していると思います。

高校生の多くは、お金は一所懸命に働いて貯めるものであり、世の中にはお金よりも大事なものがあると考えているわけです。

もちろん一理はあると思います。働かなければお金は入ってきませんし、お金よりも大事なことがあるのかも知れません。

でも、「お金持ちはかっこいい」と思っている高校生が17・9％で、「そう思わない」という高校生が55・2％もいました。お金を貯めるヤツはカッコ悪い。一所懸命にお金を稼ごうとしているヤツはカッコ悪い。圧倒的にそう思われているのです。

恐らく、友だちが大勢集まっているところで、「私、お金が大好きなんだ」と言ったら、引かれてしまうかも知れませんね。なぜ、そこまでお金は嫌われ者になってしまったのでしょうか。

「お金」ってなんだろう

お金は、人類がこの世に誕生し、進化していく過程で、より便利な生活をするために、人類が発明したものです。

むかし、むかし。人々は物々交換をしていました。Aさんはイノシシを狩り、Bさんは魚を釣ったとしましょう。Aさんが魚を、Bさんがイノシシの肉を食べたいと思っているなら、AさんとBさんの間で物々交換をします。

ところが、Bさんはイノシシの肉ではなく、お米が食べたかったとします。この場合、Bさんはお米を持っていて、魚を食べたいと思っている人を探さなければなりません。すぐに見つかれば問題ありませんが、なかなか見つからなかったら、そのうちBさんが釣った魚は腐ってしまい、お米を手に入れることができなくなります。

物々交換は何かと不便です。そこで、モノの価値を代替する「お金」が考案され、お金の価値に見合ったモノと交換できるシステムがつくられました。貨幣が世の中に登場する以前は、貝殻などが用いられていたようです。

お金の3つの機能

お金が私たちの生活を便利にしてくれる「道具」なのは、3つの機能があるからです。

第1が「価値交換機能」です。その価値に見合ったモノやサービスに交換できる機能です。

第2が「価値尺度機能」です。たとえば大根1本で100円とか、ジャガイモ5個で150円というように、モノやサービスの価値を表象する機能です。

第3が「価値保存機能」です。Bさんが釣った魚は、時間の経過とともに腐ってしまい、他のモノと交換する価値を失いましたが、お金は、時間の経過とは関係なくその価値を維持できます。

お金の3つの機能

1 価値交換機能

2 価値尺度機能

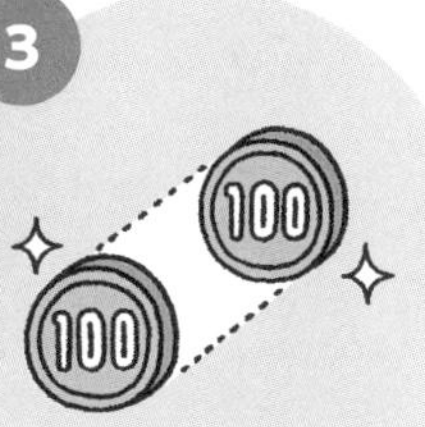

3 価値保存機能

お金が循環するから世の中が動いていく

お金は「道具」であると共に、身体の「血液」のようなものです。血液は、身体を巡ることによって、必要な栄養や成分を身体の隅々にまで行き渡らせてくれると同時に、不要なものを取り去ってくれます。血の巡りが悪くなれば、当然のことですが体調は悪化します。

お金も同じです。**社会の血液であるお金の巡りが悪くなれば、経済活動は停滞します。**

身近な例でお話ししましょう。高校生の君が生活できるのは、お父さんやお母さんが働いて生活費を稼いでいるからではないでしょ

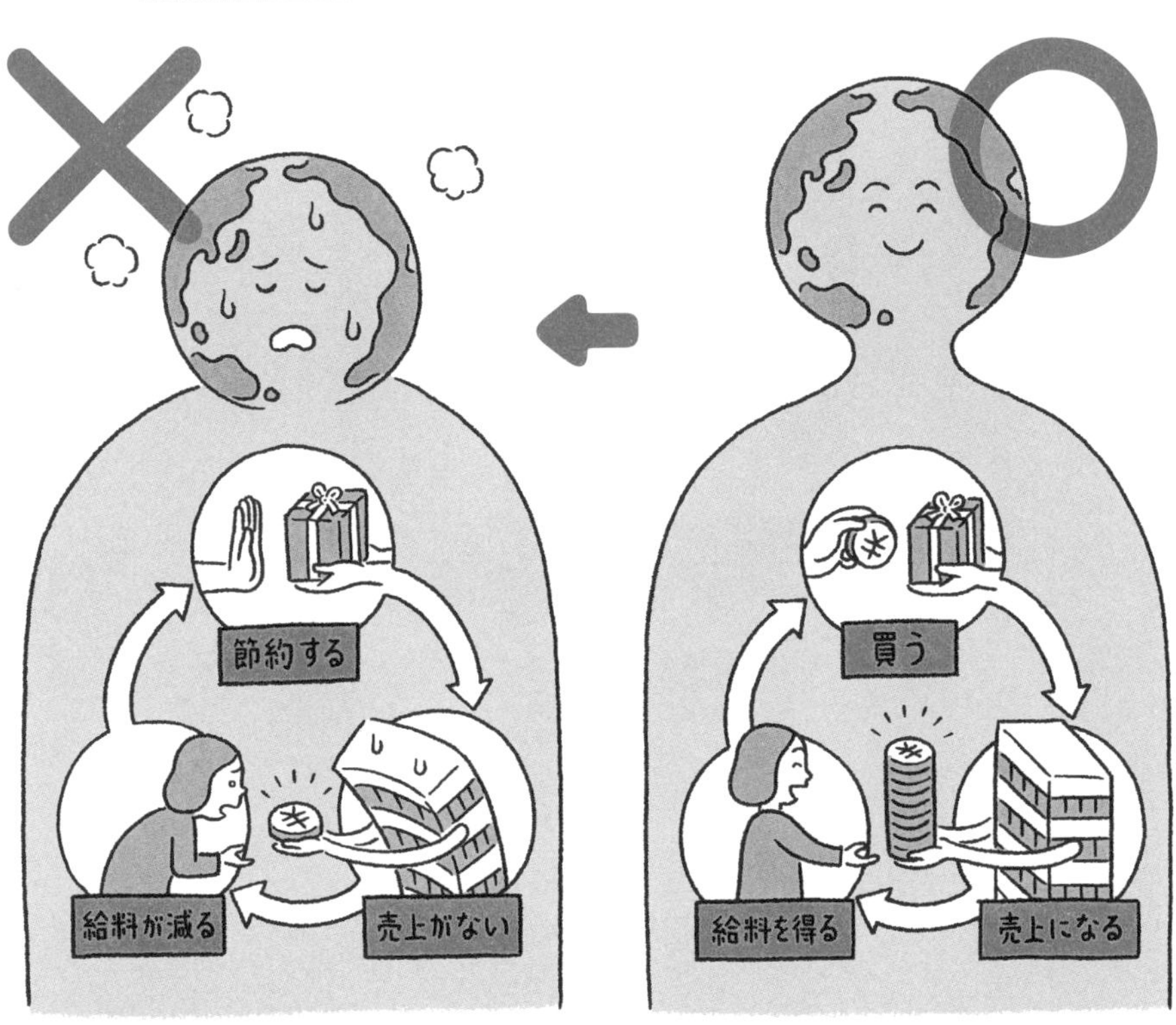

うか。その生活費で衣類や食品、その他の生活必需品を買うわけですが、こうした消費に使ったお金は、それを売っている会社の売上になり、そこで働いている人たちの給料になります。こうしてお金は世の中を循環します。

ところが、みんなが節約に節約を重ねてお金を使わなくなったら、誰かがお金を得られなくなります。その結果、健全な経済活動に支障が生じてしまいます。

「金は天下の回りもの」とはよく言ったもので、**お金がいろいろな人の手から手に渡っていくからこそ、世の中が動いていくのです。**

このように考えると、お金はけっして汚いものではないことがわかると思います。

お金は僕たちの大事なパートナー

お金の存在は必要不可欠です。それは君の身の回りを見渡せばわかることだと思います。君が住んでいる家も、衣類やその他の日常生活を便利にしてくれるものすべてが、お金との交換によって手に入れたものです。

つまりお金は、私たちの人生にとって欠かすことのできない大切なパートナーなのです。高校生の君にとっては、いつも行動を共にしている親友でしょうか。

これからの長い人生において、いろいろなパートナーが現れます。ビジネスで組む相方もそうですし、恋人や結婚相手も人生で最も大事なパートナーでしょう。そして、パートナーの存在は、君の人生をとても豊かなものにしてくれます。それはお金も同じです。

ただ、ひとつだけ注意しておくべきことがあります。**お金と良好なパートナーシップを築けない人にとって、お金は不幸をもたらす恐れがある**、ということです。

粗末に扱えば必ずそのツケが回ってきます。また、不正をして得たお金、人から奪ったお金は、自分自身の身を亡ぼす元凶になります。

自分の人生における大切な友人や恋人、あるいは社会人になってからできる仕事仲間と同じように、お金も大切にしましょう。そうすれば、必ずお金は君の期待に応えてくれますし、君の人生を豊かなものにしてくれます。

LESSON 1-3

お金の必要性の4段階

高校生の君が働いてお金を稼ぐことを求められるのは、高校を卒業してから、あるいは専門学校や短期大学、大学を終えてからになるでしょう。

これからの君の人生には、お金が必要になる4つの段階があります。この4段階は、「なぜお金を持っていなければならないの?」という素朴な疑問に対する答えです。

そして、各段階を上がるごとに、君の人生が豊かになっていきます。4段階までたどり着くことができれば、お金に振り回されない人生を手に入れることができるのです。

第1段階

自立して生きるのに必要なお金

自立とは、自分でお金を稼ぎ、生活していくことです。君の身の回りにあるものを見てください。スマホ、パソコン、テレビ、洋服、冷蔵庫、住んでいる家、自動車、どれもお金がかかっています。

料理をするために使う火も、蛇口を捻ると出てくる水も、お金を払うことで初めて使えます。

総務省統計局によると、**一人暮らしの平均生活費は家賃を除いて約14万円です。これは、自立した生活を送るのに必要な最低限のお金と言ってもいいでしょう。**

社会に出たばかりなら、生活に必要な最低限のお金を稼ぐだけでもいいですが、そのままでは、お金に追われ、お金に振り回されて生きる＝お金で苦労する人生を送ることになってしまいます。

第2段階

やりたいことをするためのお金

音楽を聴いたり、絵を見たり、読書をしたり、スポーツ観戦をしたり、たまに高級なレストランで食事をする。こうしたことが、君の人生に潤いを与えてくれます。

こうした豊かな人生を送るためには、やはりお金が必要です。その額が、大きくなればなるほど、より豊かなものを手にできます。

会社に縛られることなく、好きな働き方をしたり、自分で会社を興すこともできます。

第1段階以上のお金を手にすることで、人生の選択肢がどんどん広がっていくのです。

第3段階 不測の事態に備えるためのお金

人生にはいろいろなことが起こります。それも、全く予測もしていないタイミングでアクシデントに見舞われます。たとえば病気やケガはその典型例です。

風邪を引いた程度の病気であれば、薬を飲んでしばらく寝ていれば快方に向かいますが、もっと重い病気に罹ることもあります。

お金があれば、より良い治療も受けられますし、仕事を休まなければならない状況になったとしても、生活苦に陥らずに済みます。

重い病気にならなくても、会社が倒産するということも、長い職

業人生の中では起こり得ます。

会社が倒産すれば、お金を稼ぐことができなくなります。結果、とにかく収入が得られる会社に入ろうとすると、納得のいく会社への転職ができません。納得できない仕事をするのは苦痛です。自分で納得そうなると、再び転職するという悪循環に陥りかねません。

でも、お金に余裕があれば、焦らずに再就職の活動を行うことができますし、自分で会社を興すこともできます。

不測の事態が全く起こらない人生は、絶対と言っていいほどありません。一度や二度は必ず大きな壁にぶつかります。そうなった時でも冷静に対処するためには、やはりお金が必要なのです。

第4段階 他人や社会のために使うお金

第三段階まで来た君は、人生のピンチに直面した時に、君のお金が助けてくれます。

それと共に、君にお金の余裕があれば、他の人が困った状況に

なった時に助けてあげることができます。

君の友だちがお金に困っている時に、助け船を出すのもいいでしょう。あるいは、寄付という形で、少しでも社会を良くするために、君のお金を使うこともいいでしょう。

最近だと、クラウドファンディングという仕組みに出資して、自分のお金を人のため、社会のために役立てることができます。

クラウドファンディングとは、インターネットを通して自分の活動や夢を発信することで、想いに共感した人や活動を応援したいと思ってくれる不特定多数の人から資金を募る仕組みです。イベント開催、製品開発など、幅広い分野への出資に活用されています。

困っている人や社会のためにお金を使うって、とても素敵なことだと思いませんか。

君が自分の人生を豊かなものにするためのお金の使い方をマスターしたら、次は君のお金を、世の中のために活かすことを考えてほしいと思います。

LESSON 1-4

お金が集まってくる人の3つの習慣

習慣❶ お金を貯め込まない

お金は、ひとりぼっちでいることを嫌います。だから、**お金は、お金がたくさんあるところに集まってきます。**

そのために、まずはお金を貯めることから始めましょう。ただし、ここで大事なことは、お金を貯め込まないことです。集まってきたお金を囲い込んでしまうと、お金はそれ以上に増えません。

銀行の預金も同じです。今の日本は超低金利が続いています。ち

なみに2021年10月時点の定期預金の年利率は、10年間預け入れるものでも0・002%です。100万円を預けて10年間で得られる利息はたったの200円です。これではいつまで経ってもお金は増えてくれません。

ここでのお金を貯める目的は、お金に、お金を稼いでもらうための投資資金をつくることです。

習慣❷ 稼いだお金を3つに分ける

投資資金は、働いて稼いで貯める必要があります。

働き始めて最初のうちは、生活に必要なお金を除いたら、月々の収入から投資資金を貯めるために回せるお金は、微々たるものです。

でも、多少なりとも給料は上がっていくでしょうし、徐々に余裕が生まれてくるはずです。

お金に余裕が生まれてきたら、月々の給料のうち7割は生活費や趣味のお金として使い、2割を高価な物の購入や旅行、やりたいことなどの目的のための貯蓄に回して、残りの1割を投資資金のための貯蓄に回しましょう。

7対2対1が、無理なく投資資金を貯めるのに良い比率だと思います。

月々〇〇円ではなく、その月の収入の1割と決めれば、収入が多い時には増やせて、収入が少ない時には減らすことができます。

そして、この1割のお金は、投資以外には使わないと、心に決めましょう。突発的なアクシデントに直面してお金が必要になった時は、目的のための貯蓄を使うようにしましょう。

目的のための貯蓄を使うと、その目的を叶えられなくなるので、嫌だと思うかもしれません。でも、投資を始めてお金がお金を生むようになれば、そのお金を回すことで、補填できます。

月々の収入の1割というのがポイントです。早く投資資金を貯めようとして、生活を切りつめると、心がすさんできます。基本的な生活を確保したうえで、投資資金を貯めることが大事なのです。

もう1つ大切なことがあります。**投資に回すお金は、投資用に貯めたお金だけにすることです。**投資にはリスクがつきものです。実際、投資で損をした人の話は枚挙に暇がありません。

生活費や目的のためのお金に手を付けなければ、たとえ投資で失敗したとしても、いままでの生活を守ることができます。

100億円の資産を築いた東大教授の蓄財法

昔、本多静六という人物がいました。日本の公園の父と呼ばれ、東京大学の教授をしていた方ですが、現在価値にして100億円もの蓄財をしたことで知られています。

彼の蓄財法はとてもシンプルです。給料の4分の1を天引き預金にし、まとまった資金を株式や不動産で運用したのです。

彼は景気の良い時ほど預貯金で蓄財を進め、景気が悪い時には株式や不動産に思い切った資金を投じたそうです。なぜなら、景気が悪い時には株式が大きく売られ、その会社の実態価値以上に株価が下げていることが多いからです。

このような投資を繰り返すことで、本多静六は大学教授でありながら、100億円もの資産を築き上げました。

習慣③

投資する目的を持つ

イソップ寓話に「3人のレンガ職人の話」があります。

旅人が歩いていると、汗水垂らしながら重たいレンガを運んでは積み上げるという作業を繰り返している3人のレンガ職人と出会いました。旅人は、「何をしているのですか」と聞くと、それぞれこう答えたそうです。

1人目のレンガ職人は「親方の命令でレンガを積んでいるんだよ」と答えました。

2人目のレンガ職人は「レンガを積んで壁を作っているのさ。この仕事は大変だけれどもお金が良いからね」と答えました。

大聖堂を
建てるため
お金が
いいから
命令
だから

3人目のレンガ職人は「後世に残る大聖堂を造っているんだ。こんな仕事にかかわることができてとても幸せだよ」と答えました。

3人とも同じレンガを積むという作業をしているので、報酬もほとんど同じはずですが、動機が全く違います。ここがミソで、同じことは投資にも当てはまります。

「投資ブームだから」などと、世の中の風潮に流されて投資をする人は、絶対に成功しません。

「お金が儲かるから」という理由だけで投資をする人は、お金に対する執着心が強すぎて、利益が得られても程良いところで撤収ができなくなって、最終的に損をするケースもあります。

なぜ投資をするのでしょうか。

村上顧問の話

私は今、投資家という仕事をしています。私の父も投資家でした。その父からお金について学んだのは、「お金をひとりぼっちにさせない」ということでした。

父の口癖は、「お金は寂しがり屋なんだ。一人でポツンといるのが嫌で、皆と一緒に戯れたいから、どんどん一か所に集まってくるんだよ」ということでした。

この言葉を事あるごとに聞かされていた私は、「もっとお金を貯めたら、もっと増やせるんだ」と思って、父からもらったお小遣いをできる限り預金していました。そして、預金通帳に印字された数字が増えていくのを見て、ひとり悦に入っているような、ちょっと変わった子どもでした。

でも、お金は確かに一人でポツンといることを嫌いますが、それとともに貯め込まれることも嫌います。集まってきたお金を、ただひたすら貯め込んでしまうと、何のためにお金を貯めているのか、わからなくなってしまいます。

私は40歳になるまで、ひたすら貯めたお金を投資に回して増やし続けました。その時に増やしたお金は、自分が投資会社を設立し、ファンドマネジャーとして独立する時、本当に私の力になってくれました。

私にとってこの時のお金は、「自分がやりたいことをするためのお金」だったのです。

お金を儲けることもその1つですが、それはあくまで「結果」であり、「目的」ではありません。

投資の目的は、社会をより良くするための製品やサービスのアイデアを持っているけれども、お金が無くてなかなか実行に移せない会社や人たちに資金を提供することです。

投資することで、そのビジネスが軌道に乗れば、結果的にその利益の一部が投資家の手元に入ってきます。

目的と結果を履き違えないようにしましょう。その目的意識がしっかりしていれば、君の投資は成功に一歩近づけるはずです。そして、君の元に、お金が集まってくるでしょう。

時間目

貯めた
お金を
「株式投資」で
増やす！

LESSON

2-1

お金の現在価値って何？

50年前と今では同じ1000円でも価値が違う

ここに1000円札があるとします。これで何が買えるでしょうか。文房具、文庫本、カフェのランチなどでしょうか。

では、今から50年前だったらどうでしょうか。当時の1000円の価値を知るために、牛丼を例に考えてみましょう。

吉野家の牛丼の並盛は、1971年当時、1杯200円でした。今は税込みで426円です。当時

50年前と今の価格を比べてみると…

	1971年	2021年	倍率
カップ麺	100円	163円	1.6倍
コーヒー（喫茶店）	106円	513円	4.8倍
ノートブック	40円	162円	4.1倍
郵便料（はがき）	7円	63円	9.0倍
公立高校授業料	800円	11万8800円	148.5倍

は消費税が無かったので、消費税抜きの現在の値段である388円と比較すると、1・94倍です。

牛丼の並盛の「価値」は、50年前も今も基本的に大きく変わりませんが、「価格」はこの50年間で1・94倍にもなったのです。

これを逆に見ると、同じ1000円札でも、今と50年前とでは、価値が違うことになります。50年前なら1000円で牛丼が5杯も食べられたのに、今は3杯も食べられません。それだけ1000円札が持つ価値が減価したのです。

どうして時間の経過とともにお金の持つ価値が変わるのでしょうか。それはモノの値段、つまり物価が変わるからです。

物価の変化率は、消費者物価指数という数字で計算できます。1971年の消費者物価指数は31・5、2020年の消費者物価指数は101・8ですから、この50年で約3・23倍（＝101・8÷31・5）になったことがわかります。

50年前なら1000円で買えたものが、今は3・23倍のお金を払わないと買えないのです。ということは、50年前の1000円の現在価値は、今の3230円に相当することになります。

消費者物価指数は、さまざまなモノの値段を総合した平均値なので、物価上昇率は商品やサービスによって異なります。

吉野家の牛丼は1・94倍ですから、牛丼は「物価の優等生」と言ってもいいのかも知れません。

銀行に預けると お金の価値が減る？

物価とお金の価値はシーソーのようなものです。**物価が上がればお金の価値は下がり、物価が下がればお金の価値は上がります。**

これは過去と現在、未来と現在でも同じです。50年前と今の1000円の価値が異なるように、将来と今の1000円の価値は異なるのです。

高校生の君がまだ生まれる前、日本はバブル経済が崩壊して、モノの値段がどんどん下がるデフレ経済に陥りました。モノの値段が下がるということは、お金の価値が上がるのとイコールです。

この間、株式投資をする人が減りました。一方で、お金を銀行に預ける人が増えたのは、モノの値段がどんどん下がったため、低金利の預金でも、お金の価値が目減りすることがなかったからです。

でも、いつまでもデフレが続くことはないでしょう。物価が上がらなければ、経済そのものが破綻をきたします。デフレは、本当に怖い経済の病気なのです。

物価が下がると、企業の売上が減ります。売上が減れば利益も少なくなるので、働いている人に払われる給料が減ります。給料が減ると、節約しようとします。節約すればモノが売れなくなるので、さらにモノの値段は下がります。

そうなるとさらに企業の売上が減り、利益が減り、働いている人の給料が減り……、というように悪循環に陥ります。これを「デフレスパイラル」と言います。

デフレスパイラルになると、多くの人が生活苦に陥り、経済は大変な混乱をきたします。

今、日本銀行は年2％ずつ物価が上昇するような政策を行っています。経済活動が健全であれば、年2％程度の物価上昇が自然だと認識されているからです。

将来、物価が年2％ずつ上昇するということは、お金の価値が減るということです。しかも、日銀が物価上昇を安定させるために、超低金利政策を続けたら、物価は上がっているのに、預金の利率が上がらないという状況になることも考えられます。

仮に物価が年2％上昇しているのに、定期預金の利率が年1％だったらどうなるでしょうか。銀行に預けているお金の価値は、実質的に年1％ずつ減価していくことになります。

「銀行預金は元本が保証されていて安全」などと言われますが、**金利が物価の上昇に追いつけなくなると、実質的にお金の価値が目減りし、元本を割り込んだのと同じ状態になるのです。**

元本を倍にするのに3万6000年！

「72の法則」という言葉があります。正確ではありませんが、概算で元本が倍になる期間を計算できる方法です。

計算式は簡単で、72を金利で割ると求められます。仮に金利が7％であれば、「72÷7＝10・28」ということで、約10年で元本が倍になります。

では、今の金利を72の法則に当てはめたらどういう数字が出てくるでしょうか。

現在の定期預金の利率は、メガバンクだと年0・002％ですから、72÷0・002＝3万6000。なんと、3万6000年もかかる計算になります。

今から3万6000年後って、いつの話でしょうか。今の金利で元本を倍にするには、そのくらい長い時間がかかるということです。今の超低金利がいかに異常な状態か、わかるでしょう。

お金を増やす方法として、高校生の君が、まず思い浮かべることは、親からもらう毎月のお小遣いやお年玉を、できるだけ節約して預金通帳の額を増やしていくことだと思います。

でも、今は超低金利ですから、銀行にずっとお金を預けたままでいたら、君が大人になっても、全くお金は増えません。

しかも、**大事なことは、お金の額を増やすことよりも、お金の価値を高めることです。**つまり、銀行の預金金利が上がったとしても、物価上昇率よりも高い利率で運用しなければ、お金の価値が下がってしまいます。

だからこそ、お金を増やすための方法を真剣に考える必要があります。そして、その方法の1つが「投資」なのです。

72の法則

72 ÷ 金利＝元本が倍になる期間

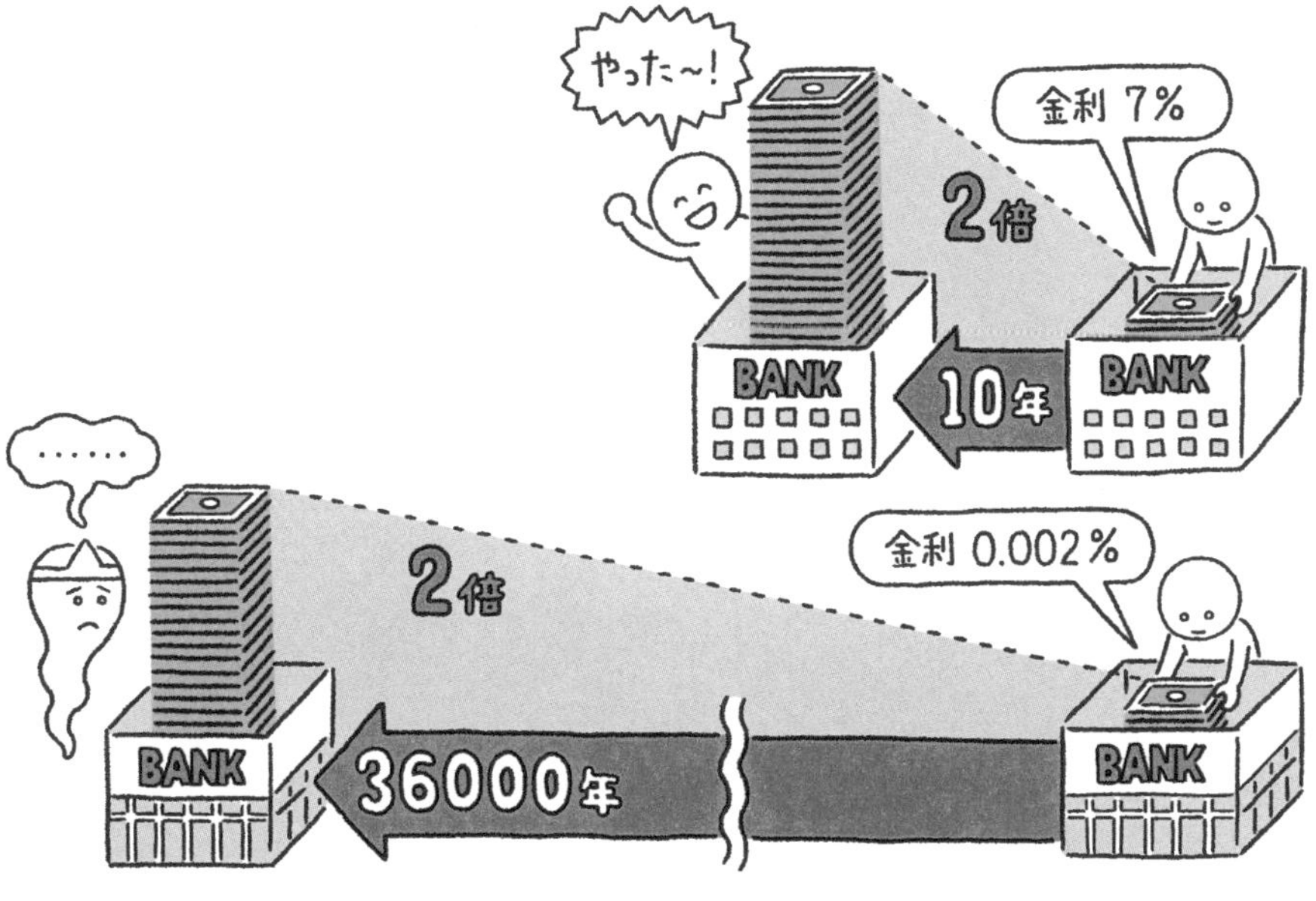

LESSON 2-2

投資の手段はいろいろ

君のお金を経済活動に役立てる

これから投資を始める君に、覚えてもらいたいことがあります。それは、投資の大前提です。

投資とは、自分の資本（お金）を誰かが経済活動を行ううえで必要な原資として提供することです。そして、その経済活動の結果、収益が生み出されたら、その一部をリターンとして受け取ります。

つまり君が提供したお金が、何らかの形で経済活動に役立つことが、投資の大前提になります。

FX（外国為替証拠金取引）という仕組みがあります。少額の証拠金を担保に入れておくと、それに対して何倍もの金額の外貨を売買できるというものです。

人気が高い仕組みですが、果たして通貨と通貨を交換するだけの外国為替取引を投資と言ってもいいのか、はなはだ疑問です。

「誰かが経済活動を行ううえで必要な原資として提供する」のが投資の大前提ですから、FXは投資ではなく「投機」です。投資と投機、ギャンブルの違いについては、後ほど説明したいと思います。

不動産

株式

債券

投資の種類

FX

円や米ドル、ユーロなどの通貨をレバレッジを利かせて売買することで利益を求めるFXは投資とは言えません。

高校生の強みで株式投資を始めよう

投資の大前提を忘れずに君のお金を投じてもいいものは、株式と債券、不動産でしょう。

この3つの中で、高校生にとっては、株式投資から始めるのが王道だと思います。少額資金で投資できますし、投資先の企業が成長すれば、株式の価値も上がっていきます。決算の結果が良ければ配当金を受け取ることもできます。

しかも**株式投資のヒントは、君の身近なところにあります。**君がゲームやアニメなどのエンターテインメントが好きなら、投資をする会社を選ぶうえで非常にいいヒントを与えてくれます。

ソニーグループの2021年3月期決算は、最終利益が1兆1717億円になり、通期で初めて1兆円を超えました。業績が絶好調だったということです。

なぜかわかりますか？　まずグループ会社が配給に関係していたアニメ「劇場版『鬼滅の刃』無限列車編」のヒットに加え、コロナ禍の巣ごもり需要で、「プレイステーション5」を中心としたゲーム事業が好調だったからです。

ゲームやアニメに強ければ、大人よりも早くチャンスを手にすることができるわけです。

ちなみにソニーの株価ですが、2020年4月末が1株6900円でしたが、2021年4月は1万2400円に乗せ、1年間で

1・8倍になっています。ソニーの株式は100株単位で投資できますから、2020年4月末に69万円を投資すれば、この1年で124万円まで増やせたのです。

他にも、もし食べることが好きなら、「最近、このお店、人気だな〜」と思うお店を運営している会社を調べてみましょう。そして株式上場している会社だったら、株価の値動きを見てみてください。

他にも自動車の会社、スポーツ用品の会社、小売りや百貨店の会社、旅行代理店や鉄道、航空会社、ホテルといった旅行関係の会社など、君にとって身近な存在の会社はたくさんあります。

身の回りにある経済の動きに関心を持てば、それが株式投資のヒントにつながるはずです。

ソニーの株価

任天堂の株価

「あつまれ どうぶつの森」や「ポケモン GO」が爆発的にヒットして、任天堂の株価が大きく上昇。

村上顧問の話

私が株式投資を始めたのは小学3年生の時です。父が私の目の前に100万円の帯付きの札束を出して、大学卒業までのお小遣いとして一括払いしてくれるというのです。

でも、大学卒業までのお小遣いにしては少ないと思った私は、父に交渉して大学入学までのお小遣いにしてもらいました。この時の100万円を元手にして、株式投資を始めたのです。

私が初めて買った株式はサッポロビールでした。なぜかというと、私の父が好んで飲んでいたビールがサッポロビールだったからです。

株式投資とギャンブル

「株式投資はギャンブルだからやらない」という人は、大人でもけっこう大勢います。

確かに、自分の読みが外れたら損失を被ります。これはギャンブルも同じですが、**株式投資とギャンブルは全くの別物です。**

ギャンブルは基本的に偶然性にお金を賭けます。サイコロでもカードでも、何のコントロールもしなければ、何が出るかは、偶然性によって支配されます。

でも、株価は、偶然性で上げ下げするものではありません。会社が成長すれば、株価は上がります。短期的には株式を買う人と売る人

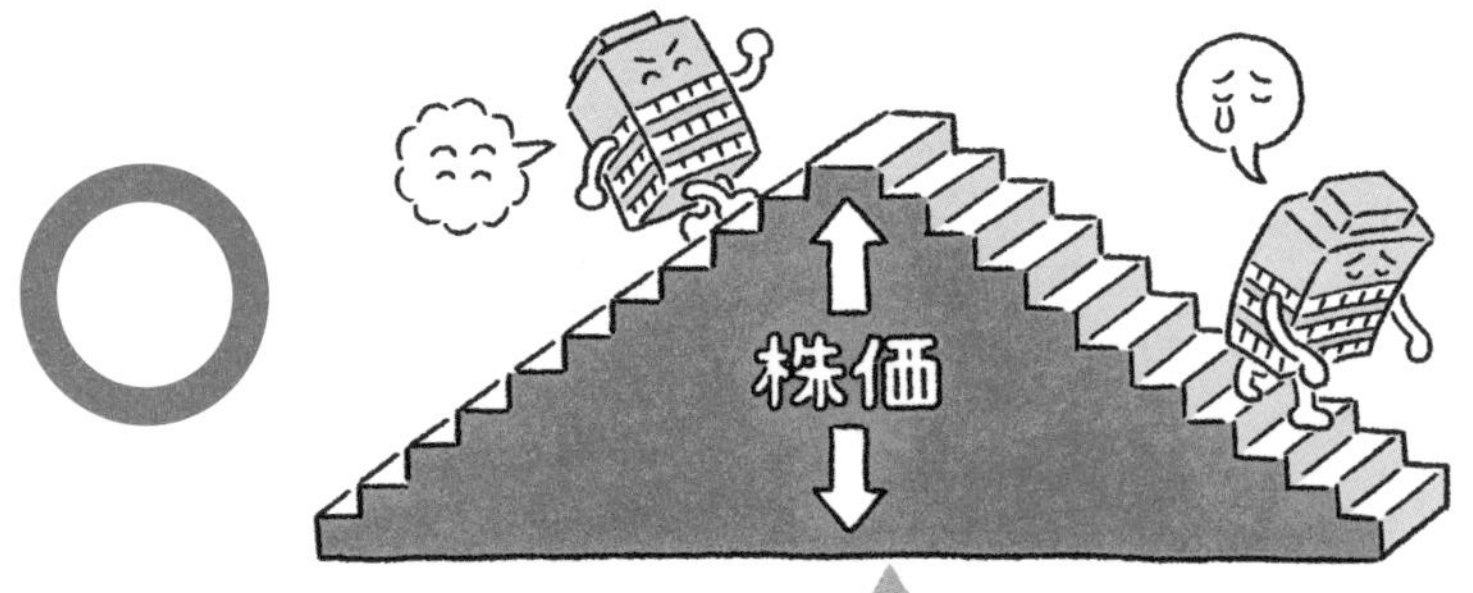

のバランスによって株価が下がることもありますが、会社が成長を続ける限り、長期的には株価は値上がりし続けます。

逆に成長が止まったり、業績が冷え込む要因があると、株価はほぼ確実に値下がりします。

それに、株価は業績などの要素から、理論的にいくらが妥当なのかという理論株価を計算できます。

先ほど、FXは投機であるという話をしました。**投機は基本的にギャンブルとイコールです。**なぜFXが投機なのかというと、理論的な価格を算出する術がないからです。金（GOLD）などの貴金属や原油、トウモロコシなどの商品相場も、理論的な価格を計算できないので、やはり投機です。

再現性の高い株式投資法を学ぼう

株式投資も、ギャンブル的な取引を行うことはできます。デイトレードと言って、1日のうちに株式の売り買いを何度も繰り返して利益を得る株式投資法です。

デイトレーダーは、投資家というよりも投機家です。数億円、数十億円という利益を得ている人もいますが、その手法には再現性がありません。つまり誰にでも真似できる手法ではないのです。

高校生の君に学んでほしいのは、誰にでもできる、再現性の高い株式投資法です。

それは**会社の中身をしっかりと見て、将来、成長する可能性が高いと思われる会社の株式を、長期的に保有することです。**投資の大前提として、君のお金を経済活動に役立てるのです。

その結果として、特定の人だけが大儲けして他の人は損をするのではなく、投資した人がみんなで利益を分かち合えるのです。

LESSON 2-3

株式投資の3つのメリット

株式投資のメリットは何でしょうか。「お金を儲けること」という声が聞こえてきそうです。

確かに、それも株式投資のメリットの1つですが、単にお金儲けが目的であれば、株式投資以外にもいろいろな方法があります。

では、高校生の君が株式投資をすることのメリットとは何でしょうか。大きく3つあります。

これから解説しますが、この3つのメリットは、高校生の君にとってはもちろんですが、君が社会に出てから社会人として生きていくのに役に立つスキルです。

メリット1 世の中の動きを知ることができる

株式市場ではたくさんの株式が売買されています。その株価は時々刻々と変化しています。なぜ、株価が変動するのかというと、株式の買い手と売り手が、お互いに駆け引きをしているからです。

買いたい人は少しでも安い価格で買いたいと考えていますし、売りたい人は少しでも高い価格で売りたいと考えています。これによって価格の駆け引きが生じ、買いたい人が多ければ価格は上がり、売りたい人が多ければ価格は下がります。

では、なぜ買いたい、あるいは売りたいという動機が高まるのでしょうか。それは、**世の中のあらゆることが株価の値動きに直結している**からです。

株式市場に参加している投資家は、世の中に流れているさまざまな情報が、株価にどのような影響を及ぼすのかを常にウォッチしています。

そのため、ありとあらゆる情報を株価に結びつけて考える傾向があります。

景気がこれから良くなりそうだという情報があれば、「それなら企業業績は良くなるはずだから株式は買いだ」となりますし、どうやらこの会社が取引に失敗して多額の損失を被ったとなれば、「この先、業績が悪化するだろうから株式は売り」などと判断されます。

君が少額でも株式に投資すれば、君のお財布の中身は常に世界の動きに左右されます。

株価にとってポジティブなことが起きれば株価は上がってお財布の中身が増えますし、逆にネガティブなことが起きれば株価は下落してお財布の中身が減ります。

金額を問わず、株式を持った時点で、君は社会の当事者になるのです。

自分のお財布の中身が、このように世界中で起こっている、ありとあらゆる出来事に左右されるとなれば、世の中の動きを知りたいと思うでしょうし、テレビのニュースや新聞記事の見方・読み方も変わっていきます。

こうしたリアルな世の中の動きは、なかなか高校の授業では学べないことばかりです。
でも、君が社会人になれば、否が応にもこうした情報と付き合っていかなければなりません。
高校の授業で学ぶことも大事ですが、**株式投資を通じて世の中のリアルな動きを理解できるようになっていれば、社会に出た時点で周囲よりも一歩リードしているはずです。**

メリット2 社会の役に立つことができる

満18歳になれば、選挙で1票を投じることができますが、株式投資も投票権のようなものです。君が「この会社は社会の役に立つと思うから応援したい」という時に、その会社の株式に投資することで支持票を投じるのです。

もちろん、株式市場にはさまざまな考えの投資家がいますから、いくらこの会社は素晴らしいと君が思っても、別な観点から売りを支持する投資家もいます。

なので、君が買えば一概に株価が上がるとは言えないのですが、君が応援したい会社の株式に投資

して、その会社の株価が上がれば、その会社にとってメリットが生まれます。

会社が株式を発行するのは、事業に必要な資金を調達するためです。発行市場で発行した株式を、大勢の投資家が買ってくれれば、その会社はたくさんのお金を投資家から調達できます。

ここで君の頭の中には、こんな疑問が生じると思います。

「株式を発行してお金を調達するのと、銀行からお金を借りるのとでは、何が違うのだろう?」

そうですね。両方とも会社にとっては事業に必要なお金を調達するための方法です。

ところが両者には決定的な違いがあります。銀行から借り入れたお金は一定の期日が到来したら銀行に返済する義務があるのですが、**株式発行によって調達したお金は、投資家に返済する必要がないのです。**つまり株式を発行して調達したお金は、その会社にとっては自分のお金(これを正確には自己資本といいます)とみなすことができるのです。

株価が上がるということは、大勢の投資家がその会社の株式を持ちたいと思っているからに他なりません。つまりその会社は人気が高いことになります。

これは、会社がさらに新しい株式を発行して資金を調達する際に、とても有利に働きます。

新株を発行すれば、それだけ株数が増えますから、株式の価値は下がります。したがって、投資家にとって魅力のない会社が株式発行で資金調達をしようとしても、なかなか難しいのが現実です。

でも、投資家にとって魅力のある会社ならば、新株を発行して資金を調達する場合でも、大勢の投資家がその会社の株式を欲しがりますから、多少株式の価値が希薄化されたとしても、株価はそれほど下がることなく、資金調達も円滑に行えます。

株式発行によって調達されたお金は、投資家に返済する必要がない、会社を経営するうえで非常に有利なお金です。株価が上昇している会社は、この有利なお金をたくさん調達できるわけですから、このメリットは絶大です。

結果的に、株価が高い会社は他のどの会社よりも有利な条件で資金調達ができ、その有利な資金を有効活用することでさらに経営体質が強くなるという好循環が得られるのです。

株式に投資すると、会社に対してこれだけのアドバンテージを与えることができます。

だから、**君が応援したい会社の株式に投資すれば、その会社はより有利な資金調達ができ、さらに成長するきっかけを掴むことができます。**そういう会社が増えれば、社会はきっとより良いものになるはずです。

メリット3 お金を増やすことができる

3つめのメリットは、投資家である君にとってのメリットで、自分のお金を増やせることです。**株式投資のリターンには、「配当金」と「値上がり益」があります。**

投資家は株主です。株主はその会社が1年の決算を終えた時点で利益が出ていたら、その一部を「配当金」という形で還元してもらう権利を持っています。

2021年9月時点で、東証1部全銘柄の平均配当利回りは1・64%ですから、銀行預金の利率に比べればはるかに高い利回りが得られています。

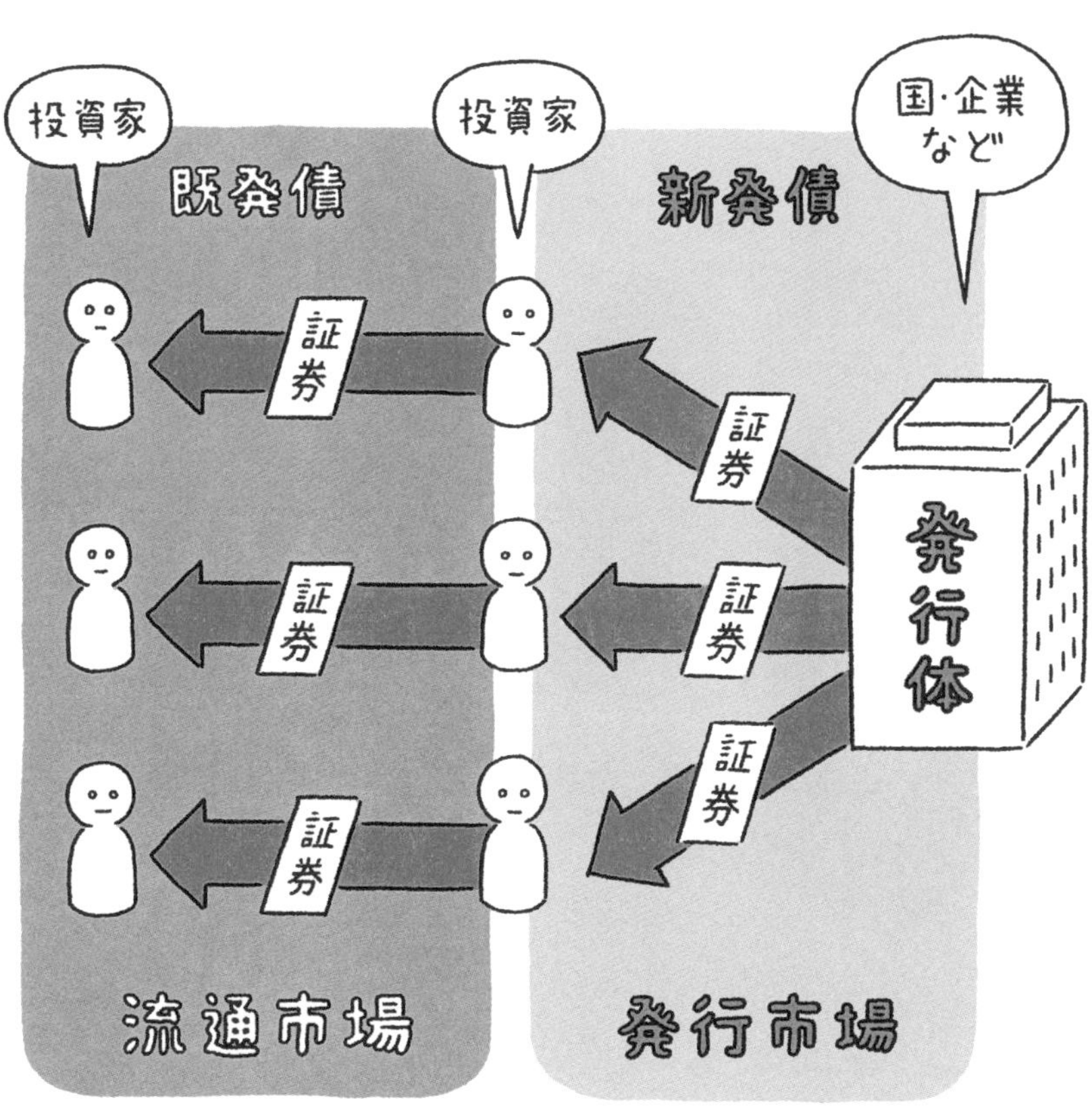

取得した株式を売買することで資金運用するために、不特定多数の投資家同士ですでに発行された株式を売買する市場のことを「流通市場」と言います。

会社などが新規に発行する株式を、投資家に買ってもらうことによって、設備投資などの長期の事業資金を調達する市場のことを「発行市場」と言います。

加えて株価の値上がり益も期待できます。株価が上昇したタイミングで、その株式を売れば、買った値段と売った値段の差額が利益となります。

配当金が会社の最終的な利益から支払われるのに対し、株価は投資家の期待感によって大きく左右されますから、業績が良い会社でも株価が下がる時はあります。

その意味で、値上がり益は不確実性が高い部分はあるのですが、長期的に見れば、株価は業績に連動します。

大勢の人たちが応援している会社の株価は、多少の上下を繰り返しながら、右肩上がりで上昇していくことが期待できます。

君のお金が君の代わりに働いてくれる

高校生の君はまだそれほど実感していないと思いますが、社会人として独り立ちしたら、働いて得た給料から税金や社会保険料などを差し引いた残りは、すべて君自身のものになります。

でも、だからといって喜んではいけません。社会に出ると、いろいろなお金がかかります。

稼いだお金を、目的のための貯蓄や投資に回すことをしないで、ひたすら必要に応じてお金を払ってばかりいると、社会に出てから20年、30年が経過した時、本当に後悔することになります。

今は平均寿命が延びて、人生100年時代です。定年後、年金を得られますが、それだけでは老後の生活に必要なお金が2000万円不足すると言われています。

充分な老後資金がなければ、生活レベルを大幅に落とさざるを得なくなりますし、生活保護を受けることになる恐れだってあります。

今から老後のことを考えましょうと言うつもりはありませんが、**しっかり株式投資のスキルを身につけておけば、老後のことを心配する必要が無くなります。**

なぜなら、高齢になって若い頃のように働くのが難しくなっても、株式投資のスキルを磨いておけば、君のお金が君の代わりに働いてくれるからです。

LESSON 2-4

株式投資の3つの投資スタイル

株式市場で株式を売買している投資家は、保険会社など「機関投資家」と「個人投資家」の2種類に分かれます。

個人投資家は、文字通り一個人の手持ち資金を株式などに投資します。

個人投資家が株式投資を始める前に必ず決めておかなければならないことがあります。それは、どのくらいの時間軸で投資するか、ということです。

主な株式投資の時間軸は、「デイトレード」「スイングトレード」「中長期投資」に分かれます。

パソコンの前に張り付いて、1日に何度も取引を繰り返して細かく利益を積み重ねる投資スタイル。一日中パソコンの前に張り付く必要があり、ギャンブル的な要素も大きい。

デイトレード

1日で損益確定

投資スタイル①

デイトレード

デイトレードとは、その日のうちに利益か損失を確定させる超短期取引です。株式市場が開く午前9時以降に買った銘柄を、株式市場が閉まる午後3時までに売却します。そして翌日の取引開始までは、銘柄を持たずに過ごします。

株式を保有する時間が短いので、大きな利益は得にくいという問題があります。そのためデイトレーダーたちは、1日に何度も取引を繰り返して細かく利益を積み重ねます。

さらに、「信用取引」と言って金融機関からお金を借りて、元本を大きくして取引するのが一般的です。株価が上がれば利益も大きくなりますが、借金して投資するわけですから、株価が値下がりすると大きな損失を被ることになります。

ギャンブル的な要素が大きいですし、一日中パソコンの前にいなければならないので、高校生の君にはお勧めしません。

ずっと家にいられるし、
ギャンブルが好き！

投資スタイル②

スイングトレード

次に**スイングトレードですが、これは数日から数週間で損益を確定させる投資スタイルです。**

一般的にスイングトレードは、日中働いている兼業投資家に見られる投資スタイルです。

デイトレードの場合は、借りたお金で投資しているケースが大半なので、ちょっとした株価の動きもチェックしておかなければなりません。したがって、仕事や学校に行っている人には向かない投資スタイルです。

でも、スイングトレードなら数日、もしくは数週間で結果を出していく投資スタイルなので、デイトレーダーのように日中の株価の値動きをウォッチし続ける必要はありません。したがって、チャートを使ったテクニカル分析で短期的に利益を出したい投資家がこの投資スタイルを選びます。

デイトレードとの最大の違いは、買った銘柄を翌日に持ち越すことです。そのため、日本の株式市場の取引時間外に、米国や中国などで好条件のことが起これば翌日の株価が上がりますが、逆に大きなアクシデントが起これば、株価が急落するリスクがあります。

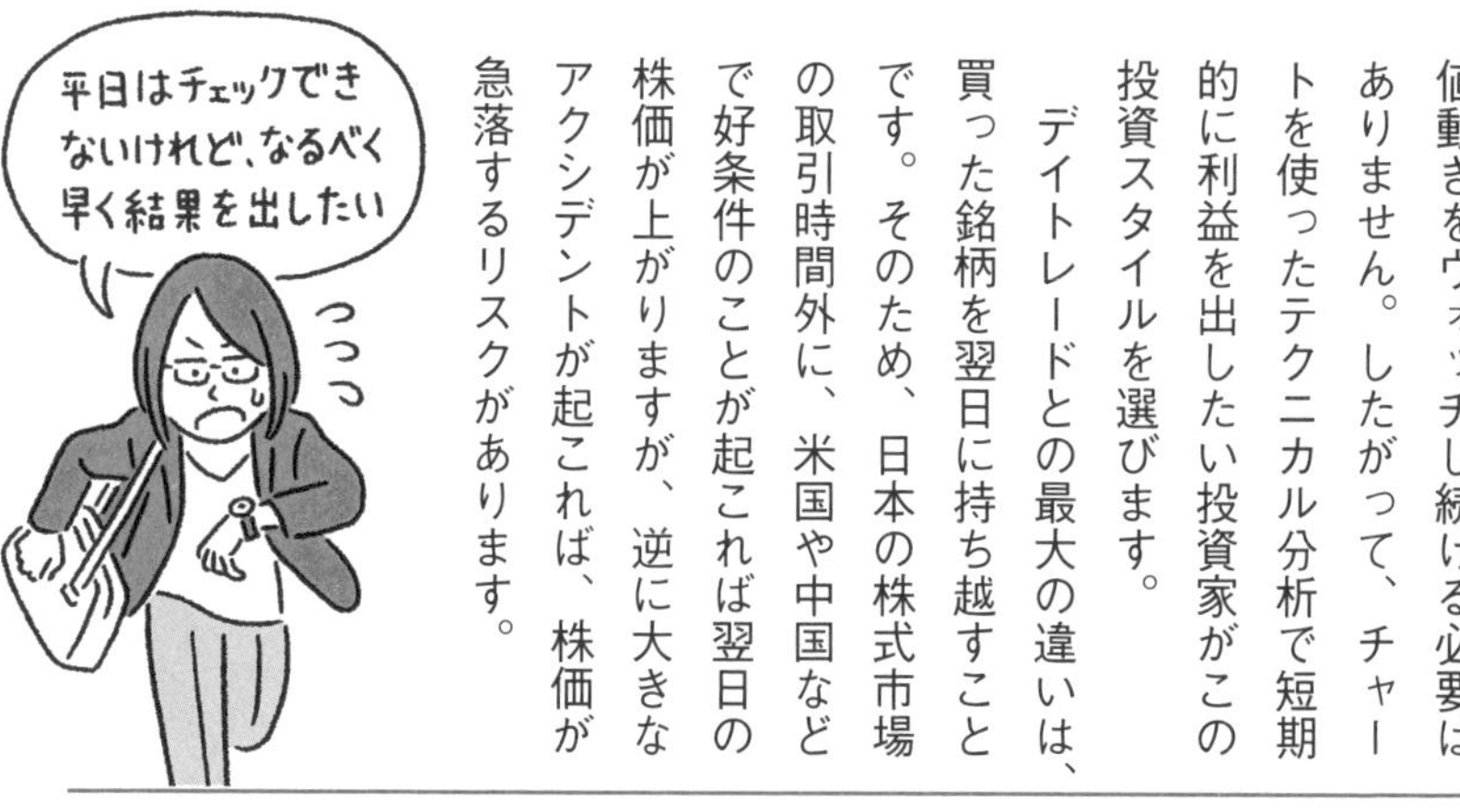

平日はチェックできないけれど、なるべく早く結果を出したい

株価の値動きを常にウォッチする必要がないので、チャートを使ったテクニカル分析で短期的に利益を出したい投資家が選ぶ投資スタイル。

スイングトレード

数日～数週間で損益確定

投資スタイル③

中長期投資

最後に**中長期投資ですが、これは数か月から数年単位の投資スタイルです。**株式投資の神髄は、実は中長期投資にこそあります。

投資をするなら、世の中を少しでも良くするための技術やサービスを開発してくれる会社に投資したいと思いませんか。

そのための技術開発を行うには、1年程度の期間では短すぎます。最先端技術ともなれば10年単位の

自分の投資で
世の中が少しでも
よくなるといいなぁ

世の中を良くするための技術やサービスを開発してくれる会社に投資して、その成長を時間をかけて見守る「投資の醍醐味」を味わえる投資スタイル。
買い
そろそろ
売ろうかしら

中長期投資

数か月～1年以上で損益確定

開発期間が必要なものもあります。これだけの長い時間をかけた開発を成功させるためには、それを支えるための長期資金が必要になります。

それを供給できるのが個人投資家の醍醐味であり、株式投資の本質でもあるのです。

中長期投資で投資の本質を学ぼう

さて、高校生の君はどの投資スタイルが合っているでしょうか。

これから投資を始めるのであれば、まずは中長期投資から入ることをお勧めします。**社会をより良いものにするために、君のお金を、君が良いと思う会社に投資して、その行方を見守るためには、中長期投資、それも1年以上の長期投資がベストです。**

それに、個人投資家だからこそ機関投資家に勝てる投資法を考える必要があります。機関投資家は、

1年未満の中期投資しか選べません。なぜなら「決算」があるからです。機関投資家の運用は、1年間でどの程度のリターンを挙げられるのか、という点が何よりも重視されるため、3年、あるいは5年といった長期的な視点で投資先を選ぶのが難しいのです。

投資情報の質も量も勝るプロ投資家である機関投資家に、個人投資家が同じ土俵で勝つことはなかなか大変です。だとしたら、個人投資家は、機関投資家が手を出さない投資法を選ぶことが賢明です。その1つが長期投資です。

1年で利益を挙げなければならない機関投資家は、長期の研究開発で新製品やサービスを開発するような会社の株式には投資しにくいことになります。逆に言えば、個人投資家はそういう会社にこそ投資するべきなのです。

まずは長期投資から始めて、株式投資の本質を学びましょう。

LESSON 2-5

実際に投資して学ぼう

高校生でも株式口座を開ける

「もう少し勉強してから」「もう少しお金が貯まったら」興味があっても株式投資をやらない人がよく口にするエクスキューズの言葉です。

株式投資は、少額でもいいので、実際に投資して、失敗しながら学ぶことが成功への近道です。

高校生でも証券会社に口座を開くことはできます。特にネット証券会社は、高校生の口座開設にも積極的に応じてくれます。

未成年でも、親権者の同意書などの書類があれば、簡単に口座を開設できます。小学生でも口座を開設できるネット証券もあります。

信用取引はできない

未成年の場合、実際の取引にはいくつか制限がかかります。

まず、信用取引やFXのように、投資資金の融資を受けて取引するものは認められません。FXの場合、預けてある担保に対して25倍まで資金を借りて投資できます。担保として10万円を預けたとしたら、その25倍ですから250万円の投資ができるのです。

儲かれば何も問題はないのですが、逆に損をした時は、元本が大きく膨らんだ分だけ損失額も大きくなります。返済できなくなるリスクもあるので、未成年には解禁されていないのです。

実際の売買は親権者が行う

高校生の君の名義で開設した口座でも、管理や運用は親権者の同意が必要となります。つまり、実際に売買を行う際は、親権者が注文を出す形になります。

いささか不便さは感じられますが、パソコンのモニターの前に座ったまま、ずっとチャートなどを見て売り買いを繰り返すデイトレーダーでもない限り、親権者に売買注文を出してもらったとしても、それほど問題はないように思えます。

なお、証券会社のなかには満15歳以上であれば、未成年者本人が注文を出せるケースもあります。

少額資金で投資できる

基本的にネット証券会社は、極めて少額の資金でも株式を売買できます。手持ちの投資資金を使って株式投資を始めましょう。10株でも、1株でもいいのです。

最近だと「ポイント投資」とおって、カードを使って貯まったポイントで投資できるネット証券会社もありますので、現金を出すことに抵抗がある人は、ポイント投資から始めてもいいと思います。

手数料の安さよりも重視すべきこと

ネット証券で株式の売買を行う際に適用される売買手数料の額は、取引金額が5万円までであれば55円程度です。

最近では25歳以下の人が口座を開設して株式などを売買する際には、その売買手数料を無料にするネット証券も出てきました。

高校生の君が売買をする金額からすれば、手数料の違いなど取るに足らないものです。

したがって証券会社を選ぶ時は、手数料よりも、売買を行う際のインターフェイス、システムなどが使いやすいかどうかという点を重視したほうがいいでしょう。

投資をやめて失う3つのもの

誰もがお金を減らしたいなどとは考えていませんし、お金を増やしたいという気持ちがあるから投資をするわけですが、常に勝てる投資はありません。誰でも一度や二度は手痛い失敗をします。

失敗して損失を被った時に大事なことは、心の処し方です。

大事なお金が投資の損失で減った時、何とも思わないなどという人はいません。「なんであんな失敗をしたのだろう」と、自分の判断の未熟さを悔います。なかには「もう二度と投資なんてしない」と思う人もいるかも知れません。

でも、これだけは言っておきます。損をしたからといって、本当にやめてしまったら、もう二度とその時に被った損失を挽回することはできません。

それに、投資をやめて失うものは、投資の損失だけではありません。それをはるかに上回る「人生の損失」を被ることになるかも知れません。

まず、**君が社会を良くするための機会を失うことになります。**株式投資をやめるということは、社会にとって良い会社、良いビジネスに清き1票を投じる機会を自ら捨て去るのと同じことです。

次に、**投資を通じて学ぶことのできるすべてを失います。**株式投資を始めれば、会社やビジネスを見極める目を養うことができます。

高校生のうちからこのスキルを身につけられたら、君がビジネスの世界に身を投じた時、投資を一切学んでこなかった同僚に対して、ものすごいアドバンテージを持つことができます。

　そして最後に、**この超高齢社会を生き抜いていくうえで必要なスキルを身につけるチャンスを失います。**

　恐らく今、高校生の君が60歳、あるいは70歳になる頃には、年金などが大変厳しい状況になっていることも考えられます。今以上に受け取れる年金の額が減っているかも知れません。

　でも、投資のスキルを身につけておけば、年金の額が減ったとしても、心配する必要はありません。株式市場を通じていくらでも稼ぐことができるからです。

　一度や二度の失敗で投資をやめてしまうと、これだけのメリットを失うことになるのです。

投資をやめて失うもの❶

社会を良くする機会

投資をやめて失うもの❷

ビジネスを見極める目

投資をやめて失うもの❸

超高齢社会を生き抜くスキル

投資の神様も何度も失敗している

投資の神様と呼ばれるウォーレン・バフェットは、総資産が6兆円を超える世界第2位の大金持ちですが、大きな投資の失敗を何度もしています。

1990年に投資したUSエアーは3億5800万ドルで買い付けたものの、8600万ドルまで目減りしましたし、1993年に4億3300万ドルで買収したデクスター・シュー・カンパニーは、数年後にゼロになりました。

また2008年に投資したコノコフィリップスも、その後の原油価格の急落で株価は急落し、数十億ドルの損失を出したと言われています。

投資の神様と言われる人でも失敗するのです。高校生の君が失敗せずに勝ち続けることは、絶対にありえないのです。だから失敗してください。

でも、絶対にあきらめないでください。

自分の頭で考える投資家を目ざそう

失敗してもあきらめずに投資経験を重ねることはとても大事ですが、だからといって、何となく適当に選んだ銘柄に投資するというのでは、いつまで経っても良い投資家にはなれません。

大事なことは、その会社に投資する理由を自分の頭で考えて明確にすることです。

「なぜその会社に投資するの？」と、誰かに問われた時、その理由を明確に答えられなければなりません。実際にはそこまで調べて投資していない人が大半です。自分が自信を持って投資できるまで徹底的に調べることが肝心です。

もちろん、徹底的に調べたとしても、失敗することはあります。投資の世界に100％の勝率はありません。

失敗した時は、「どこが間違っていたのか？」と自分に問いただし、投資した理由を思い出して検証することが大切です。

思った以上に売上と利益が伸びなかったとか、強力なライバル企業が出てきて競争優位性が失われてしまったとか、理由は必ず見つかります。

投資をする時はしっかり理由を考える。失敗した時はどこが間違っていたのかを検証する。これを繰り返すことによって、自分の考えで投資できる、良い投資家になれるのです。

OKさん

値段が上がる前に売ってしまい、利益を出せずに失敗しました。会社の業績や将来性などを考えずに、目先の値動きにとらわれたからだと思います。

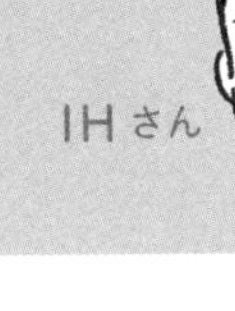

IHさん

メンタルの維持ができずに一時的な相場の落ち込みに踊らされてしまい、失敗しました。

秋山篤憲さん

根拠がない投資をして失敗しました。根拠がないから、不安も大きくなるし、怖くもなるのだと思います。

お金を増やしたら何をしたい？

Yuriさん

動物の殺処分をゼロにすることが夢で、それに向けて動物が幸せに暮らせる場所を増やしていくことにお金を使いたいです。

矢能陸央さん

スノーピーク（7816）。コロナ禍で何が流行るかを考えた時に、密にならないアウトドアやキャンプが流行ると思ったからです。

OKさん

LIXIL（5938）。僕たちの生活にかかわる製品を開発・販売していて、また世界の役に立つような活動や事業も行っているからです。

山下奎輔さん

タカラトミー（7867）。趣味でこの会社の製品を集めているからです。

不登校の子どもたちの居場所づくりや、正確な情報を届けるウェブサイトの制作をしたいので、その資金に使いたいと考えています。

アイカさん

押領司湧雅さん

起業したいです。投資部でさまざまな企業に投資したり、企業情報を調べているうちに、自分も起業に興味を持ったからです。

特別授業

村上世彰が語る「生涯投資家としての生き方」

○官僚を辞めて投資家にカムバック

私は大学に入学した後、投資家である父のかばん持ちとして、ハワイ、ロサンゼルス、ニューオーリンズ、コスタリカ、エルサルバドル、メキシコシティ、ニューヨークを3週間かけて旅行しました。それぞれの場所で活躍している父の友人と、投資案件について話し合うのが目的の旅でした。

この旅行がきっかけで、私は父と同じように投資家になる決意を固めました。ただ、父からは「国家というものを勉強するために官僚になれ」と言われたため、当時の通商産業省（現在の経済産業省）に入省し、16年間、官僚としての生活を送りました。この官僚生活を通じて、私は日本経済が成長していくためには、企業のコーポレート・ガバナンスが大事であることを実感し、40歳を目前に国家公務員を辞め、ファンドを立ちあげることにしたのです。

投資家にカムバックしてからは、コーポレート・ガバナンスの確立をライフワークとして、さまざまな企業に投資しました。現金を貯め込み、成長していない会社が少なくありません。私が自ら投資することを通して、株主の権利とは何か、企業を統治するとはどういうことなのかを世に問いたいと思ったのです。

○投資を通じて日本を変えたい

私がファンドを通じて投資を始めた時の日本企業は、本当に変でした。

本来、企業は稼いだお金を投資に回して、より高い成長を目指す必要があります。それが結局、世の中にお金を回して経済を活性化させ、人々のより幸福な生活につながっていくはずなのです。

ところが日本企業の中には投資をせず、過剰に現金を貯め込んでいるところが少なくありませんでした。だから私は、そういう会社の株式を買って、「会社を成長させるためにもっと投資してください。投資できないのであれば、有り余っている現金を株主への配当金に回すか、自社株式を買って株式価値を高めてください」と、経営者に提案したのです。

あるいは、歪としか言いようのない資本関係を持った企業グループに対しては、やはりその親会社への投資を通じて、「歪な資本関係を正さないと海外の投資家に買収される恐れがあるから、私の提案を検討してみてください」と申し上げました。

投資を通じて日本を変えたい。その一念があるだけでした。

しかし、私の取った行動は受け入れられませんでした。私からすれば、日本にとって良かれと思って取った行動でしたが、一部の経営者には自分たちのポジションを脅かす行動として嫌がられてしまったのです。

実際、経営者の中には会社を私物化しているような人物もいました。**上場企業は株主のものであるという、コーポレート・ガバナンスの原則からすれば、経営者の公私混同によって、本来なら株主に帰属するはずの余剰金を用いて好き勝手をすることなど到底許されるはずもありません。**そこを厳しく追及したため、旧態依然とした考え方の経営者から反発を買ってしまったのです。

○村上ファンド事件の顛末

私は2006年6月、インサイダー取引の疑いで東京地検特捜部によって逮捕されました。

逮捕の理由は、堀江貴文氏が当時、ニッポン放送の株式を大量に購入して、その子会社だったフジテレビをもろとも手に入れようとしたのですが、その事実を私が事前に知っていて、ニッポン放送の株式を買い進めたということでした。

確かに、堀江氏からは「フジテレビが欲しい」「ニッポン放送を買うことはできますか」と言われたのは事実ですが、私はこの時点で堀江氏の話を「インサイダー情報」として社内登録し、議事録にも残しました。

裁判は最高裁まで争いました。最終的に私の上告は棄却され、懲役2年、執行猶予3年、罰金300万円、追徴金約11億4900万円という東京高裁判決が確定しました。また、私が社長兼ファンドマネジャーを務めていたMACアセットマネジメントには罰金2億円が科せられました。

これが世に言われる「村上ファンド事件」の顛末です。すでに判決は確定していますが、ニッポン放送への投資をインサイダー取引と断じるには、やや無理があるとは思っています。正直、刑が確定した後も、釈然としないものが残りました。

○自分の信念に基づいた投資

私がシンガポールに拠点を移したのは、日本にいれば好奇の目にさらされ、マスコミの取材もうるさく、静かに生活するのが難しくなると思ったからです。今は1年のうち3分の2くらいをシンガポールでの生活に充て、日本にいるのは60~100日くらい。残りは投資案件のある国への出張や家族旅行に費やしています。

私のファンドマネジャーとしての人生は、あのインサイダー取引による逮捕で幕を閉じました。でも、**完全に投資から手を引いたわけではありません。やはり私の身体には、父から譲り受けた投資家としての血が脈々と流れているのです。**ただ、村上ファンドの時のように、他の投資家から資金を集めて投資をするのではなく、あくまでも自分のお金で投資をしています。

投資家からお金を集めると、大きな資金で投資できる反面、定期的に運用成績がチェックされますから、常に運用成績を上げる必要があります。運用成績を上げられなければ、資金を引き揚げられてしまいます。そのため、自分の想いを投資に反映させたり、金銭的なリターンよりも楽しさに重点を置いた投資ができなくなります。

逆に、**今のように自分のお金で投資をすれば、自分がやってみたい投資を自由に行えるようになります。リターンや投資回収時期などは一切考えることなく、自分の信念に基づいた投資行動ができるのです。**

現在、私が行っている投資、ならびに資金援助としては、まずいくつかのＮＰＯに対する資金援助があります。ＮＰＯの多くは常に資金不足であり、それを支援するための活動です。必要なところに必要なお金が継続的に流れていく仕組みを作りたいという想いで、チャリティ・プラットフォームというＮＰＯ法人を立ちあげました。

このチャリティ・プラットフォームを通じて知り合った団体、支援してきた団体を通じて、東日本大震災の緊急支援活動にもかかわりましたし、私の投資活動で得たリターンの一部を寄付するために、村上財団も設立しました。

その他、自分の興味がある分野への投資活動として、２００９年から翌年にかけて日本の不動産に大きな投資を行い、２００７年からは介護事業にも投資してきました。さらに、私は食べることが好きなので、世界に日本食を広めることを目的として、飲食業のスタートアップに投資したこともあります。

○若い人に投資の素晴らしさを伝えたい

そして、「生涯投資家」である私には、もうひとつぜひともやり続けたいことがあります。それは後進を育てることです。

そのために「N／S高投資部」があります。この活動を通じて、**一人でも多くの若い人たちに、投資の素晴らしさ、面白さを知ってもらいたい。そして投資を通じて、日本経済をより良いものにしていくための礎になってもらいたい。**そう思って、N／S高投資部の特別顧問を引き受けさせていただいております。

この部活で学んだ知識は、君たちの生涯を通じて役に立つものになるでしょう。それは株式を買ったり売ったりする時だけでなく、学校を卒業し、社会人として働いている時にも役立ちます。そう、**投資を通じて身につけた知識は、一生涯を通じて君たちの人生を豊かなものにしてくれるのです。**

3時間目

「期待値」がお金を増やす！

LESSON 3-1

リスクとリターンを天秤にかける

リスクとリターンは常にワンセット

リスクとリターンは常にワンセットの関係にあります。より高いリターンを求めると、リスクも高まります。そこで大切なことが、リスクとリターンを天秤にかけることです。

リターンは、恐らく誰でも理解できると思います。株式投資で言えば、収益のことです。

株式を購入するために、君が手放したお金が、投資先

の企業からいろいろなところを巡り巡って利益を生み出し、最後は君のところへ配当金や値上がり益として戻ってきます。これがリターンです。

一方、**リスクは何物なのかですが、これは「不確実性」のことです。不確実性を簡単に言うと、「そうなるかどうか、よくわからない」ということです。**

1年間で10%の値上がり益が得られるかも知れないけれども、逆に投資した元本を割り込んでしまうかも知れないという、収益のブレをリスクと言います。

リスクとリターンは基本的に反比例します。ハイリスク・ハイリターン、ローリスク・ローリターンになります。

めっちゃもうかった!!!
ぜんぜんわかんない…
ハイリスク
ハイリターン
うん、こんなもん
だいたいわかる!
ローリスク
ローリターン

銀行預金と株式投資のリスクとリターン

たとえば銀行預金を考えてください。銀行預金は元本割れしません。1万円を預けたら、一定期間後には1万円にいくばくかの利息が上乗せされて、預金をした人の手元に戻ってきます。銀行が倒産しない限り確実なことなので、ローリスクです。

しかし、預金のリターンはそれほど高くはありません。特に今は異常なまでの超低金利ですから、定期預金の利率は年0・002%に過ぎません。株式など他の投資手段と比較すれば、相対的には低いリターンしか実現できないのが、銀行預金です。

つまり**銀行預金はローリスクだけれども、リターンもそう高くないので、「ローリスク・ローリターン」というわけです。**

では、株式投資の場合はどうでしょうか。

誰もが将来的に株価は上がると思っているから、その会社の株式を購入するわけですが、絶対に株価が値上がりするという保証はどこにもありません。

もし、その会社が倒産でもしてしまったら、投資したお金は恐らく戻ってこないでしょう。つまり、投資したお金がゼロになってしまう恐れもあるのです。

会社が倒産するという悲惨な状況に直面しないまでも、思った以

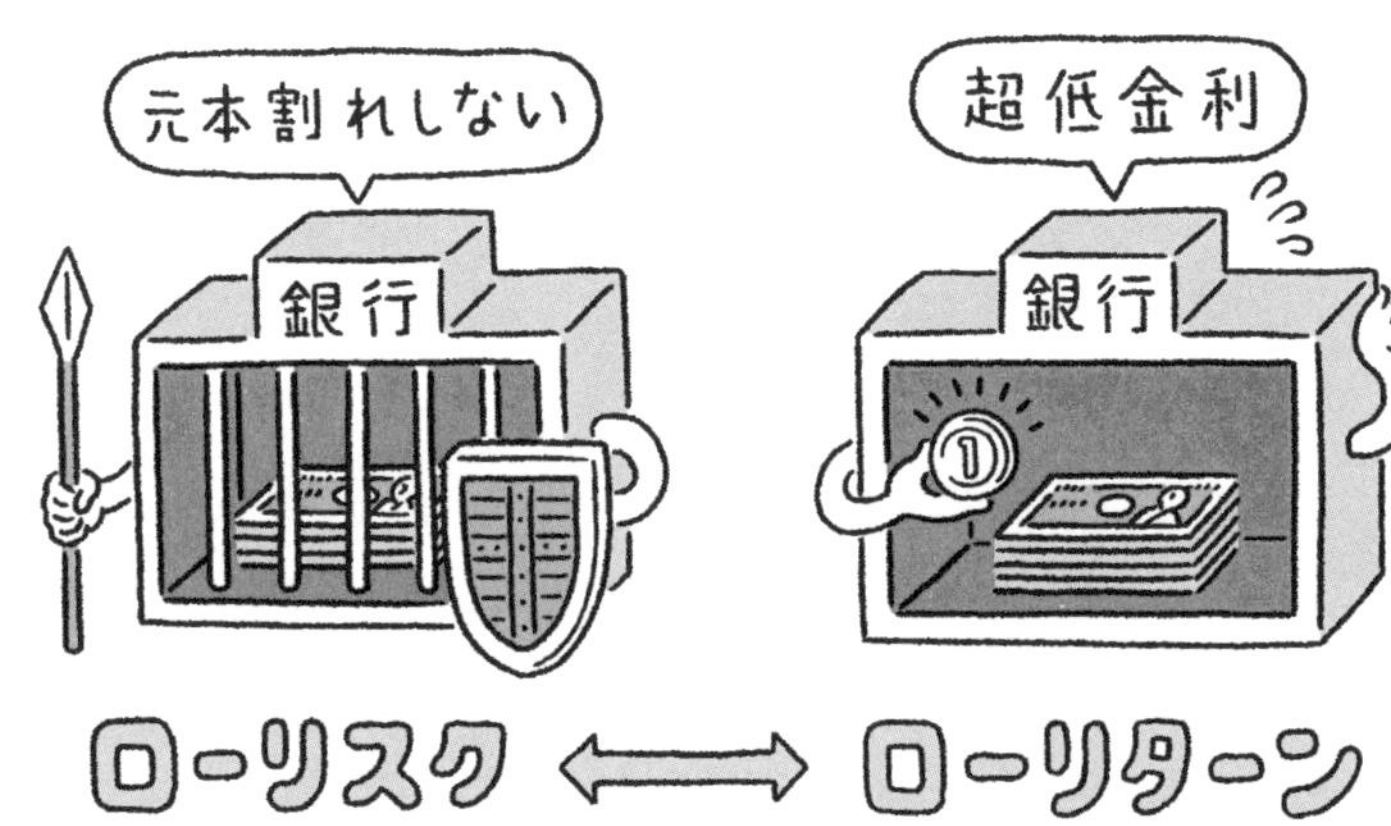

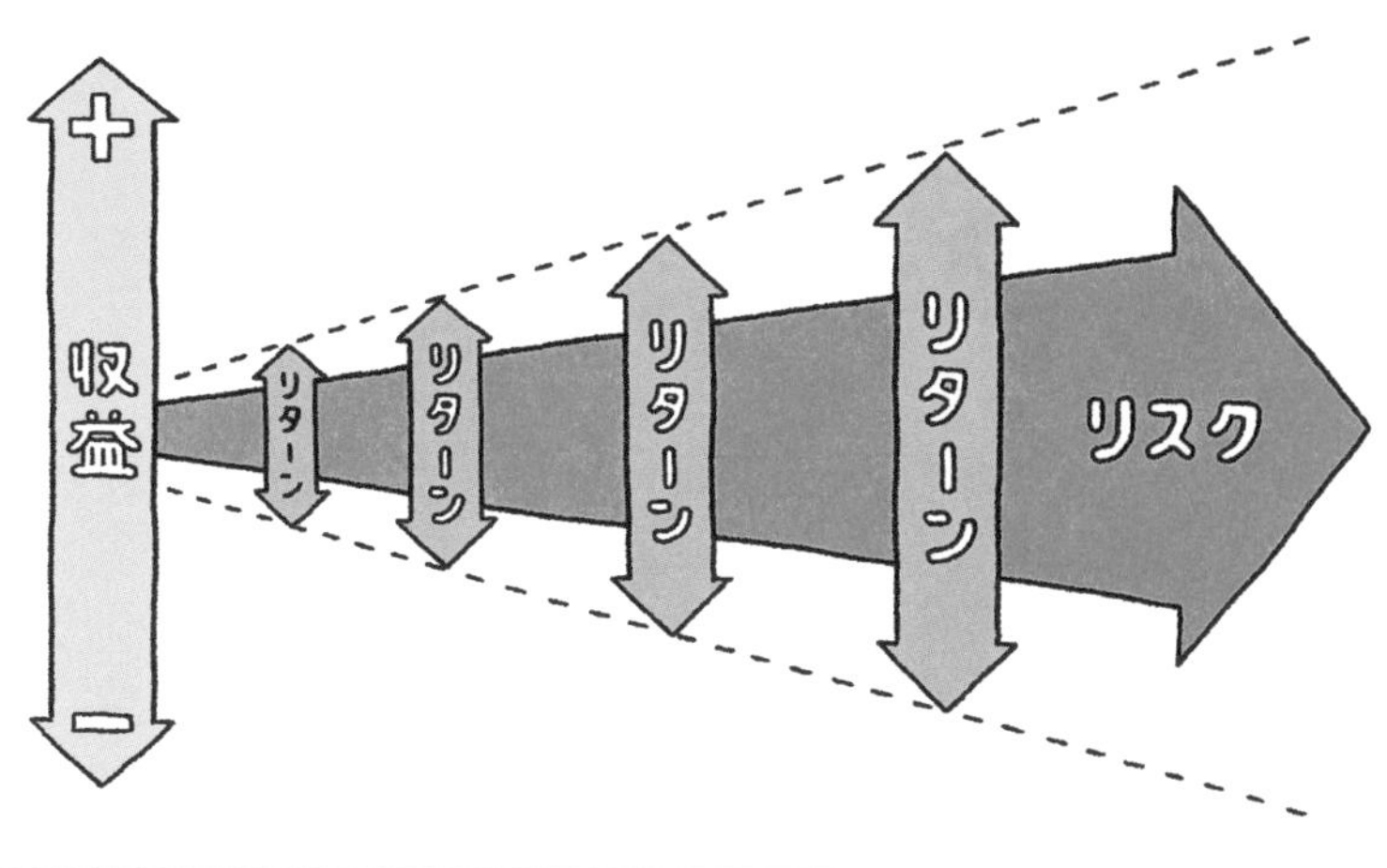

上に売上や利益が伸びなかったというケースはあります。

その会社の業績が良くなるかどうかは、正直、誰にもわかりません。さまざまな材料を集めて総合的に判断し、「この会社の業績は確実に伸びる」と結論づけたとしても、どこかに不確定要因が潜んでおり、それが顕在化して業績が急落することも十分に考えられますし、そうなれば当然、株価は下がります。

つまり株式投資は、短期間で株価が数倍にも跳ね上がることがある一方で、最悪の場合、株式の価値が全くゼロになってしまうケースも考えられます。

この不確実性を、私たちは「リスク」と呼んでいるのです。

株式投資の醍醐味 ローリスク・ハイリターン

では、「ハイリスク・ハイリターン」「ローリスク・ローリターン」は不変の真理と言ってもいいのでしょうか。

高いリスクを覚悟すれば高いリターンが得られる反面、リスクを取らなければリターンもほとんどないという考え方は、真理と言っていいのでしょうか。

実はそうでもないのです。

リスクは不確実性です。ハイリスクを取るということは、不確実性が高まることと同じ意味を持ちます。非常に高いリターンが得られることが期待できる反面、大きな損失を被ることもあります。ハイリスクを取れば必ずハイリターンが確約されるということは、ないのです。

逆に、**ローリスク・ハイリターンがあるのが株式投資です。**

たとえば借金がほとんど無く、業績も絶好調。しかも多額の現金を持っているという会社があったとします。

スペックは実にいいのですが、なぜか株価はほとんど動かず、底這いが続いています。

『会社四季報』をパラパラめくっていると、時々そんな銘柄を見つけることができます。

そして、そのような会社の株式こそが、実はローリスク・ハイリターンな案件だったりします。

業績が良好なのに株価が低迷している優良銘柄を探そう

初心者向けの株式投資の教科書には、「ローリスク・ハイリターン」な銘柄は存在しないことになっています。

それはそうでしょう。投資初心者にリスクとリターンの関係を教えるのであれば、「取るリスクが小さいとリターンも小さくなります」と説明したほうが、わかりやすいからです。

でも現実のマーケットには、「ローリスク・ハイリターン」な銘柄が存在するのです。

前出の例のように、**借金が無くて業績が絶好調で、しかも多額の現金を持っているのに株価が異様に安い会社などは、まさにその典型例と言っていいでしょう。**

業績や財務体質が優良なのだから、大勢の投資家がその会社の価値に気付きさえすれば、株価は一気に値上がりするはずです。

ところが、そのような優良物件の株価が、たとえば100円というように、さらに大きく下げる余地がないところまで下げているとしたら、下値余地はかなりの程度まで限定されます。まさにローリスク・ハイリターン銘柄と言ってもいいでしょう。

そういう銘柄を選んで投資していけば、大きく負けることもなく、着実に資産を増やすことができるはずです。

「期待値」という考え方

期待値を求めてみよう

ローリスク・ハイリターンを狙うとは言っても、株式投資には、銀行預金のような確実性はありません。

だから、成功の確度を少しでも高めるための物差しが必要です。それが「期待値」です。

高校数学Ⅰで学習することなので、高校生の君は、大人の個人投資家よりも有利な位置にいます。ここで復習して、一気に差を付けましょう。

期待値とは、ある投資を行うことによって生じる損益の平均値を表しています。

期待値を求める式

値1×確率＋値2×確率＋……

計算式で求めた期待値が、投資すべきか、やめるべきかの判断基準になります。**投資額が期待値よりも低ければ投資する、高ければ投資しないという判断ができるわけです。**

実際に問題を解きながら、期待値の考え方をマスターしましょう。

問題1

総数10本で、当たりが5枚あるくじを1枚300円で売っています。当たりは500円、はずれは0円です。このくじを買うべきでしょうか？

確率で考えると、50%の確率で300円が500円になるので、買ってもいいかなと思えます。

でも、期待値を計算すると、500円×0・5＋0円×0・5＝250円となります。つまり、このくじ1枚の価値は250円です。

期待値を基準に投資判断する場合、1枚300円は期待値の250円よりも高いので、買わないという選択をします。

次の問題はどうでしょうか？

問題2

総数10本で、当たりが2枚あるくじを1枚300円で売っています。当たりは2000円、はずれは0円です。このくじを買うべきでしょうか？

当たりの金額2000円は魅力的ですが、その確率は20%です。買わないと判断する人が多いかもしれません。

期待値を計算してみましょう。2000円×0・2＋0円×0・8＝400円。つまり、1枚の価値は400円です。

1枚300円の価格よりも期待値400円のほうが高いので、このくじは買いです。しかも、10枚すべてを3000円で買えば、4000円入るので、確実に1000円儲かります。

現実には、売上額より当選額が多くなるような胴元が損をするくじは存在しませんので、あくまでも期待値の感覚をつかむトレーニングとして考えてください。

ギャンブルの期待値

ギャンブルでは「還元率」という言葉が用いられるのですが、実質的には期待値と同じです。

還元率とは、賭け金に対して賭けた人に戻される金額の割合のことです。還元率が80%だとしたら、賭け金の8割が戻ってくるという理屈になります。そして、残りの2割は胴元に入ります。

気が付いたでしょうか。期待値の問題で見たように、**賭けた人が手にできる総額が、胴元の売上総額よりも低い時は、賭けた人が損をします。**

日本で認められているギャンブルの還元率は公営競争（競馬、競

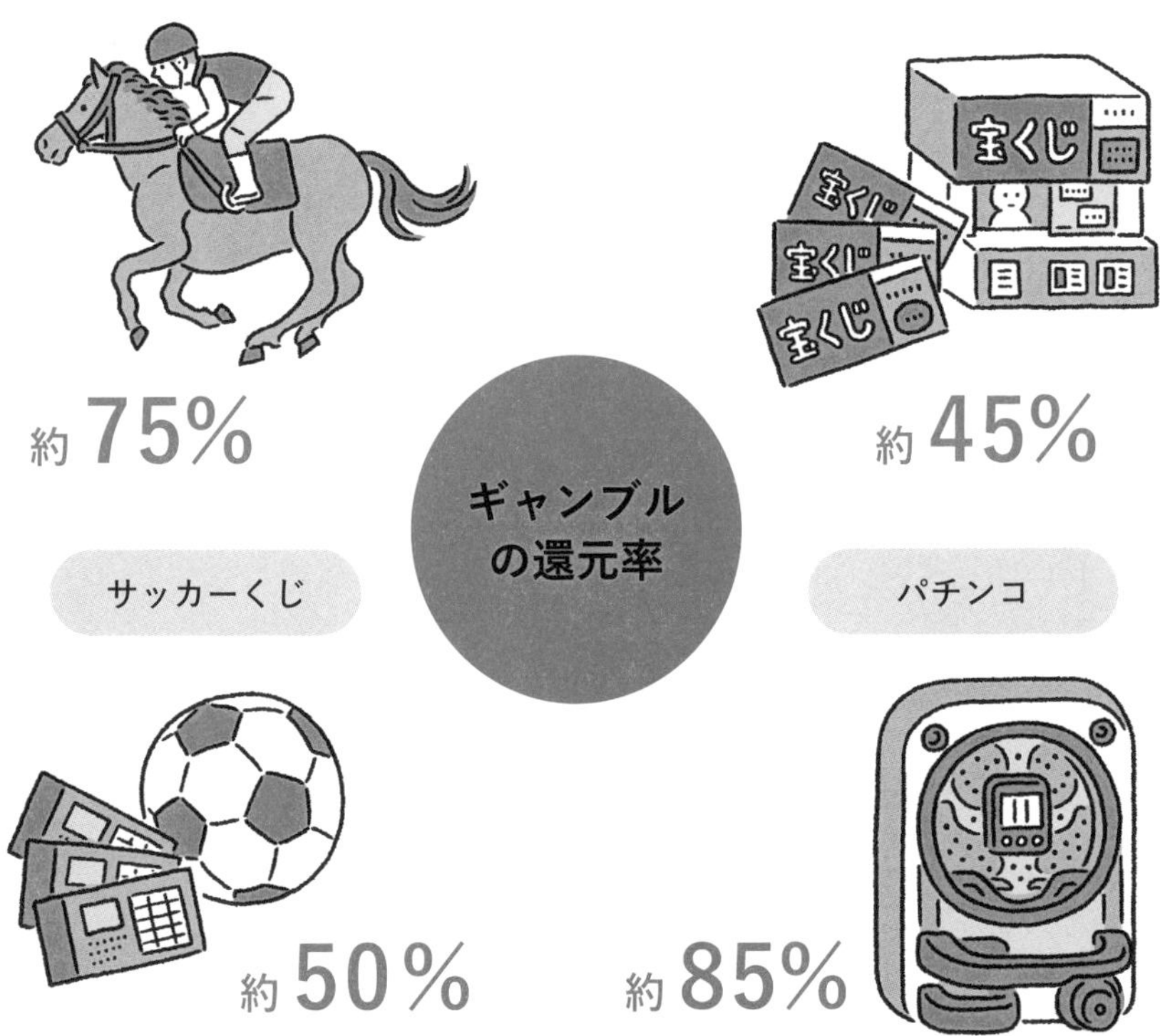

輪、オートレース、競艇）が約75%、宝くじが約45%、サッカーくじが約50%、パチンコが約85%です。つまり**ギャンブルは、続ければ続けるほど負けるのです。**

しかも、宝くじは45%、サッカーくじは50%です。競馬や競輪、パチンコよりも低いのです。

もちろん一発逆転はあります。宝くじだって、買い始めて2、3回目で1等に当選するかも知れません。でも、何十年も買い続けているのに、一度も高額当選しない人がいるのも事実です。いや、むしろ大多数の人はそのはずです。

このように、冷静に期待値で判断すれば、ギャンブルがいかに割の合わないことをやっているのかがわかるというものです。

期待値が1を超える銘柄を選ぼう

期待値の考え方がわかったところで、株式投資の判断で使うための練習をしてみましょう。

問題3 現在、A社の株価は100円です。この株価が1年後に300円になる可能性が10%、50円になる可能性が90%とします。A社の株式を買うべきでしょうか？

期待値を計算してみましょう。

300円×0・1＋50円×0・9＝75円です。現在の株価100円よりも安いので、この投資をしても負ける確率が高いことを意味します。株価が75円を大きく下回らない限り、見送ったほうがいいでしょう。

では、次はどうでしょうか。

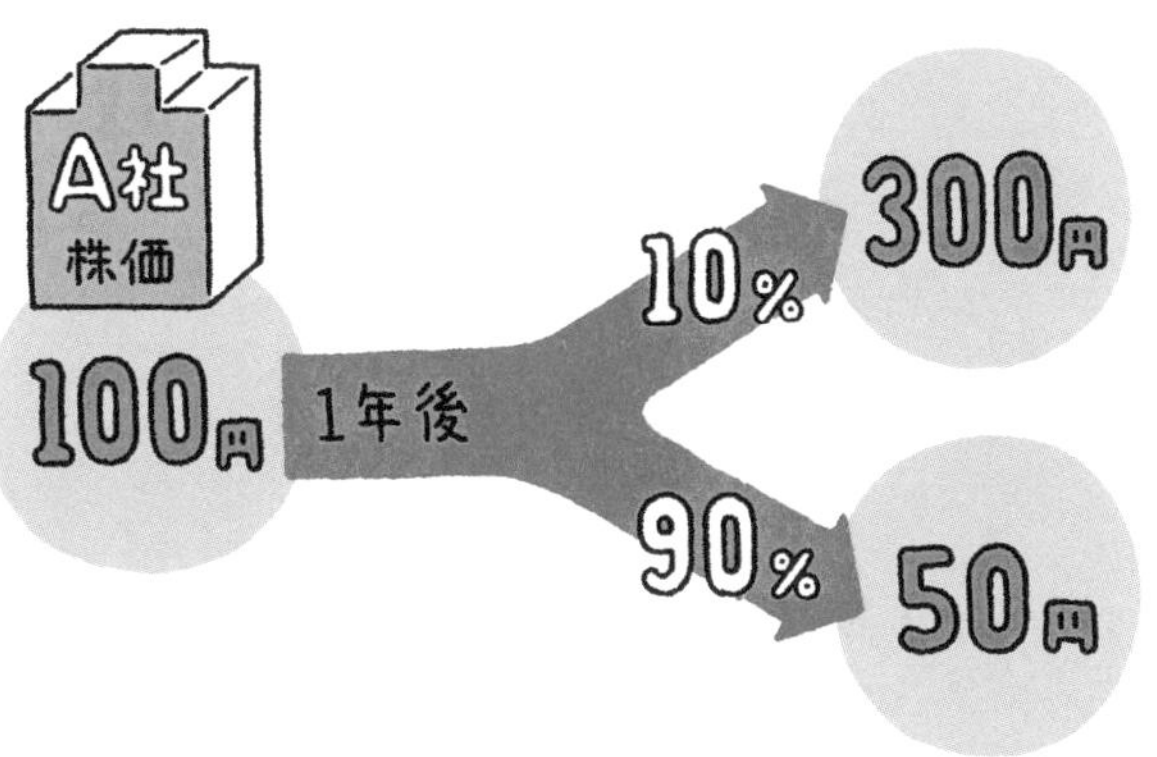

問題4 現在、B社の株価は100円です。この株価が1年後に1000円になる可能性が10%、30円になる可能性が90%とします。B社の株式を買うべきでしょうか？

期待値を計算する前に、君の感覚で、このような案件に投資しますか。つまり、投資したお金が10倍になる可能性が10%ある反面、投資したお金が3分の1弱にまで目減りする可能性が90%もある投資案件に手を出すかどうかを考えてみてください。

多くの人は手を出さないでしょう。確かに10倍になる魅力はあります。でも、その可能性は1割しかないのですから。しかも、3分の1弱に目減りする可能性が9割もあるので、恐らくそうなるだろうと思うのが普通ではないでしょうか。そして、そんな可能性の低いものに賭けること自体が、まさにギャンブルだと思うに違いありません。

でも、感覚的な判断を下す前に、期待値という数字を求めることを習慣にしましょう。

この期待値は、1000円×0・1＋30円×0・9＝127円です。つまり、現在の株価よりも高いのです。

確かに、投資した元本が3分の1弱に目減りするリスクはありますが、そのリスクよりも元本が10倍になる可能性に賭ける価値が十分にあります。

株式投資の場合、期待値が1（投資額）を超える銘柄を選んで投資していけば、長い目で見てお金を増やすことができるのです。

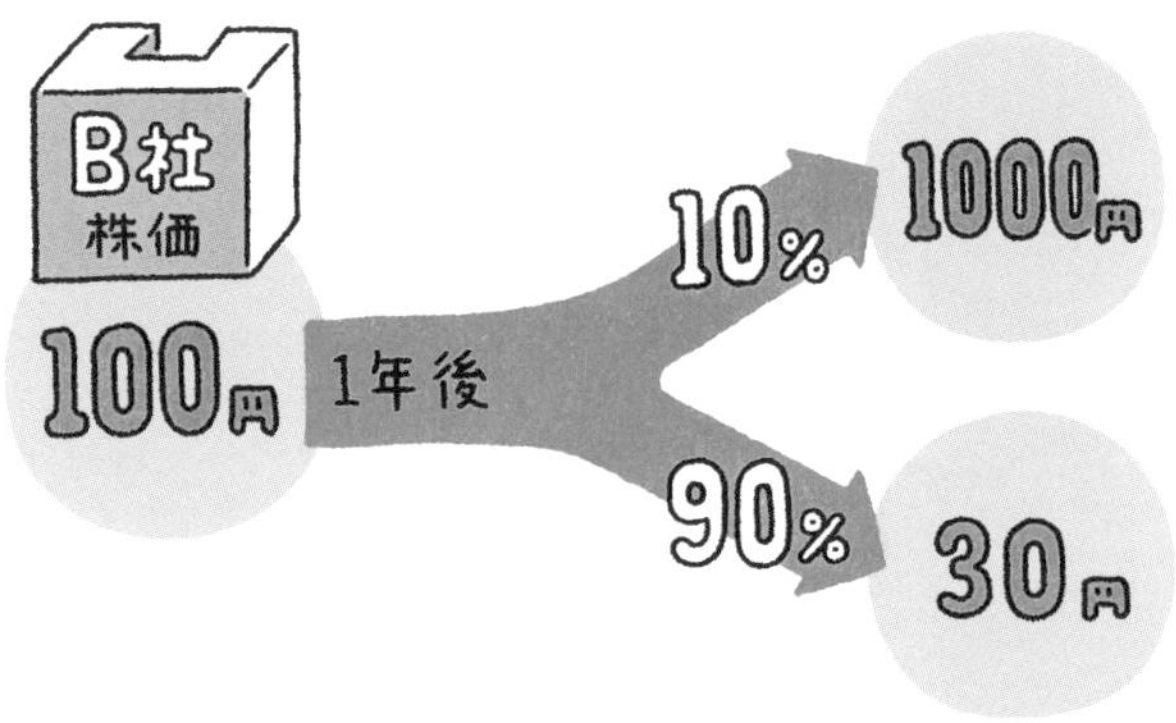

株式投資の期待値に正解がない

期待値の計算自体は、それほど難しくありません。でも、なぜ多くの投資家は期待値を計算しないで銘柄を選ぶのでしょうか。

それは、期待値の計算に必要な確率を、どうやって推測すればいいのかがわからないからです。

この確率自体があくまでも推測した数字です。当然、人によって違ってきます。1万円の株価が1万5000円まで値上がりする確率を30％と考える人もいれば、50％と考える人もいるのです。

もし君がこの計算をするとしたら、何を判断基準にするでしょうか。過去の株価の推移を判断基準

にする人がいる一方で、業績や財務内容を総合的にチェックしたうえで、だいたいこのくらいではないかという数字を出す人もいるでしょう。

アプローチが異なれば、期待値も違うものになります。つまり株式投資の期待値には正解がないのです。

バフェットのような天才投資家でも失敗するように、確実ということはありません。

それなら期待値は使えないかと言えば、そんなことはありません。**経験値を積めば、先を読む力がつくので、より精度が高まります。**

なにより大事なことは、なぜそのように考えたのかを数字で説明する習慣をつけることです。

ベンチャーキャピタルの投資判断

期待値と合わせて大事なことが、勝率ではなく、投資全体でプラスにもっていく考え方です。

勝率は、たとえば10回投資をしたうちで、何回利益が得られたのかを割合で示します。10回の投資のうち、利益が得られた回数が7回なら、勝率は7割です。

勝率7割と聞いてどう思いますか。「儲かっているだろうな」と思うのではないでしょうか。

でも、**実は勝率が高いからといって投資全体で利益が出ているとは限らないのです。** 7回の投資で70万円の利益が得られたとしても、残り3回の投資で100万円の損失が生じたら、「勝率は7割だけれども、投資全体の損失は30万円」なので失敗です。

全体の投資をプラスにするためには、勝率を高めることよりも、期待値を基準にして、投資先を分散することが大事になります。

これと同じ発想で投資しているのがベンチャーキャピタル（VC）です。VCとは、未上場企業の株式に投資することで、ベンチャー企業の成長に必要なお金を融通する投資会社です。

未上場企業は経営体力も弱いので、投資した資金がゼロになることもあります。その代わりに、上場まで漕ぎつけられた場合は、莫大なリターンが得られます。

オレの勝率は
7割
でも投資全体では
30万円損失
すげえ！
な〜んだ

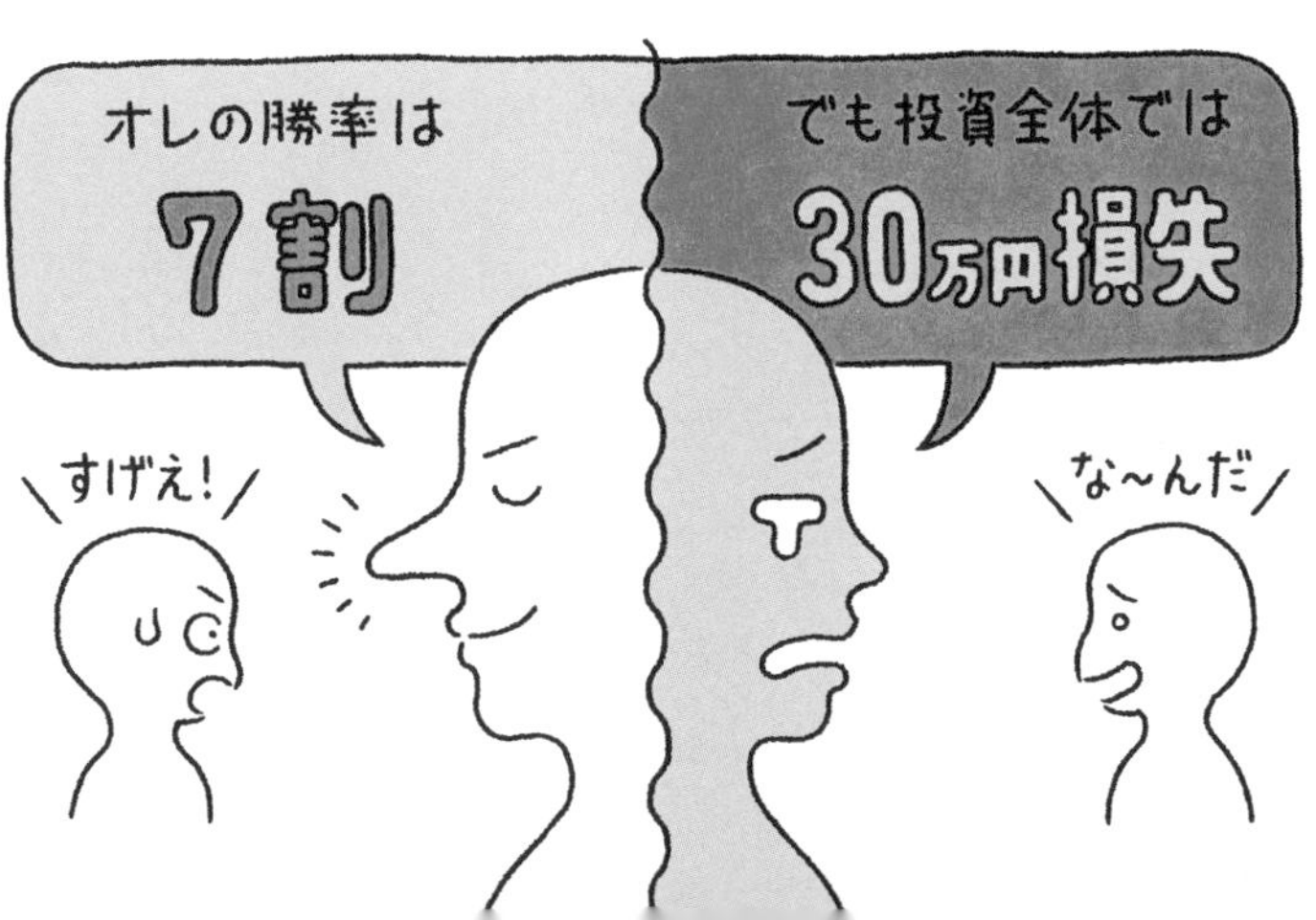

10社に投資して、8社は経営破綻しても、残りの2社が上場できれば投資資金を回収した上に大きなリターンも得られるというのが、VCの投資なのです。

大きなリターンを得られる可能性がある反面、大きな損失を被るリスクも高い銘柄に投資する場合は、投資する資金量、あるいは分散投資によってリスクをコントロールする必要があります。

いくら見立てに自信があったとしても、1銘柄に全力投球することは避けなければなりません。

投資額はできるだけ余裕資金の一部に抑え、実際に投資する場合は、期待値が1以上の複数銘柄への分散投資を心がけるようにしましょう。

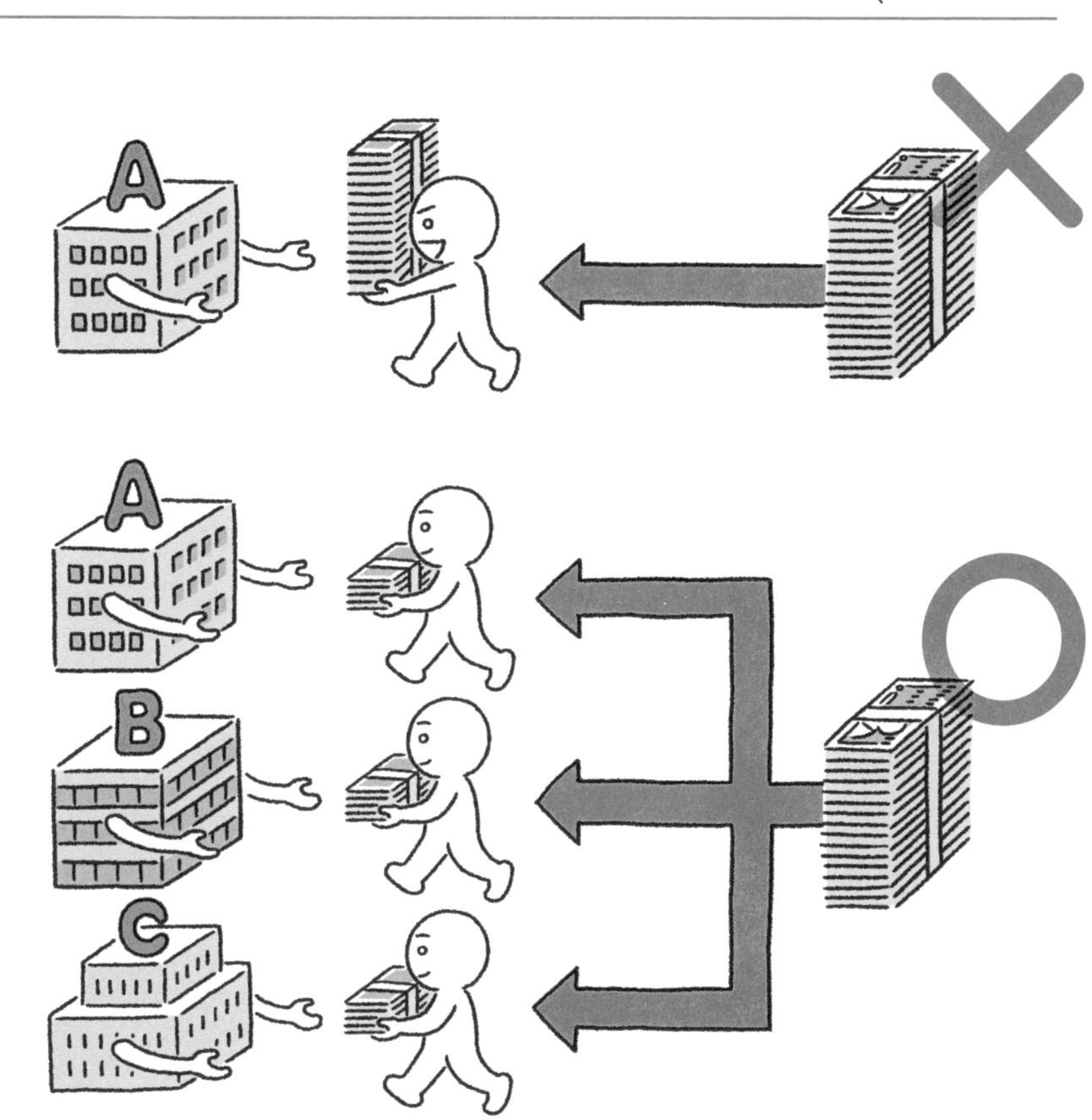

LESSON 3-3

物事を数字で捉える習慣を身につけよう

賢い投資家はトライ＆エラーを繰り返す

期待値を求めるために必要な「株価が〇〇円になる確率」を推測できるようになるには、物事を数字で考える習慣をつけることが大切です。

人は感情に左右される生き物です。株式投資は、どうしてもメンタルに左右されます。

感覚的にこの銘柄の株価は上がると惚れ込んでしまうと、買うことを前提に期待値を計算してしまいがちです。逆もしかりです。

もちろん、感情的になっていいいのです。うまくいけば喜んで、失敗すれば「チクショー」と思っていいのです。大事なことは、失敗した時に、その失敗から学ぶことです。

成功も、失敗も、数字で検証することができれば、次の期待値を計算する精度が高まります。賢い投資家は、トライ＆エラーを繰り返しているのです。

そのために大事なことがあります。物事を数字で捉える習慣を身につけるレッスンです。

レッスン❶ 世の中の動きを数字で観察しよう

まずは、新聞やテレビ、ネットのニュースなどに出てくる、さまざまな数字を見ることから始めましょう。

最初は意味がわからなくてもいいと思います。**継続的に数字を追っていくうちに、「この数字は、こういうことを意味しているんだな」「この数字は、この数字が影響しているんだな」という気付きが生まれてきます。**

スーパーの折り込みチラシだっていいのです。株式投資にとって、商品価格の変化はとても重要な情報です。

君が買い物をしてお店に払ったお金は、日本の経済活動全体や、モノづくりやサービス活動などで雇用を支えている企業活動、個々人のライフスタイルなどに影響を及ぼし、それらに関連するさまざまな数字を動かしていきます。

たとえば、レストランで食事をする、スーパーマーケットで食料品を買う、ネット通販で生活用品を買う、といった消費を行えば、必ずお金を払います。

もちろん、君だけでなく、大勢の人が消費を行っています。

そして、消費を通じてお金を払うと、そのお金が世の中のさまざまなところに流れていき、いろいろな数字の変動要因になります。

たとえば、君がお店で何かを買って、お金を払ったら、お店の「売上」という数字を増やします。この売上がどんどん増えて、「利益」を生みます。利益の額が前年に比べて大きく増えたら、そのお店で働いている人たちの「給料」が増え、その給料を受け取った人たちは、消費を増やします。

こうしてどんどん消費が活発になれば、「物価」が上がっていく

どんな情報をチェックしていますか？

N/S高投資部へのアンケート結果

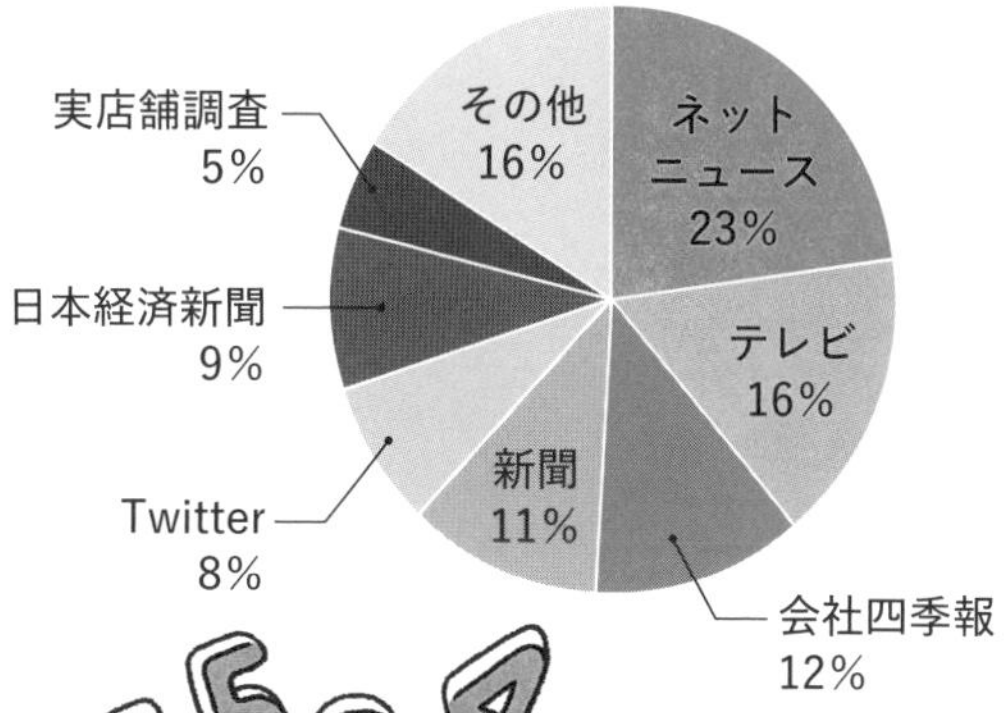

ネットニュース 23%
テレビ 16%
会社四季報 12%
新聞 11%
Twitter 8%
日本経済新聞 9%
実店舗調査 5%
その他 16%

でしょうし、景気の現状を示す「経済指標」の数字も改善されます。

結果、「雇用統計」のように雇用の状況を示す数字、「機械受注」のように設備投資の状況を示す数字、さらにはこの世の中で生み出されたさまざまな価値を合計して求められる「GDP（国内総生産）」という数字に影響を及ぼします。

今、列挙したのは本当にごく一部の数字でしかありませんが、経済活動のほぼすべてが数字によってつながっています。**数字を読む習慣を身につければ、おおまかにでも世の中の動きが把握できるようになります。**

レッスン❷ 業界の動向を数字で把握しよう

数字を見る習慣がついたら、君が興味を持っている業界だけでなく、さまざまな業界の数字を追いかけてみましょう。

お金を増やすためには、業界ご

とにどのような状況にあるのかを、数字で知ることが大切です。

そんなに難しいことではありません。たとえば『会社四季報　業界地図』という本があります。業界動向を把握するうえでかなり有力な情報が掲載されています。

年度末から来年度末までという短い時間軸ではありますが、その業界全体が儲かりそうな環境にあるのか、それとも全く儲からず、多くの会社が赤字状態にあるのかといったことが、天気の印で示されていたり、その業界に属している会社のシェアや売上のランキングが非常にわかりやすく図解されていたりします。

また日本企業だけでなく海外企業についても売上などが記載されているので、日本企業がグローバルマーケットのなかでどの程度の大きさなのかということもわかります。

たとえば「トイレタリー（日用

品）」の業界を見ると、日本では「花王」がトップ企業で、その売上は2018年12月期決算で1兆5080億円ですが、海外企業だと「P&G（プロクター&ギャンブル）」がトップで、その売上は7兆2379億円。花王の約5倍のビジネス規模を持っていることがわかります。

日本で花王といえばトップブランドですが、グローバルで見ればP&Gが圧倒的なガリバーで、2位以下に大きな差をつけているのです。**他の業界も、その動向を予測するためには、日本経済だけでなく、世界経済の動きを数字で捉える必要があるのです。**

レッスン③ 個別企業の数字をチェック

業界の動きを数字で捉えて、明るい兆しの業界を見つけたら、その業界の中の個別企業の数字をチェックしてみましょう。

探したいのは、株価上昇余地の高い会社です。たとえば、業績が安定していて、有利子負債は少なく、現預金をたくさん持っているのに、なぜか投資家にあまり知られていない、地味な会社です。

人気がない理由はいろいろです。知名度が低くて、かつ一般消費者を相手にしていない会社などは、なかなか人気が高まりません。この手の会社はB2Bと言って、個人顧客ではなく法人顧客を相手に商品販売やサービス提供を行っている会社が大半です。

あるいは株主還元に全く興味がない会社もあります。株主に配当金を払ったり、株価を上げるために自社株買いなどを行わない会社です。

創業経営者が社長の会社などは、会社を我が子のように思っているケースがあり、株主に還元するよりも、やたらと現預金を貯めこんで、何があっても会社が倒産しないように備えているところもあります。

もちろん、現預金をたくさん持っていれば、多少、売上が立たない状態が続いても会社は回りますが、何事も大事なのはバランスです。特に上場企業の場合、実質的な会社のオーナーは株主ですから、オーナーたる株主に全く利益還元をしないというのは問題です。

いずれにしても、不人気で株価が上がらない会社は、東京証券取引所に上場されている会社の中にはたくさんあります。そういう会社を探しましょう。

業績が安定していて現金をたくさん持っているような会社は、株価が上昇する確率が高いと考えられます。

このように、**日常の経済活動から、日本経済、業界動向まで、さまざまな事象を数字で捉える習慣を身につければ、感情ではなく、数字をもとにした期待値が求められます。**

LESSON

3-4 投資シナリオの精度を上げる情報の読み方

悪い投資シナリオ

目先のニュースに飛び乗る

新聞記事やニュースが株価に影響を及ぼすことはあります。でも、**本当に大事なのは、記事やニュースの中身ではなく、その内容が中長期的に、企業の業績に対してどのように影響するのかです。**

たとえば、2020年1月から3月までのことをよく思い出してみてください。新型コロナウイルスの蔓延で、マスクの買い占め騒動がありました。あの時、マスクの製造や流通に関連している会社の株価が急騰しました。

たとえば紡績を主な事業としている「新内外綿」の株価は、2020年1月27日に715円の株価で取引が始まり、その日の終値は2009円でした。

またガーゼなど医療用衛生材料の最大手である「川本産業」の株価も、2019年12月30日の終値は447円でしたが、2020年2月3日には4000円の高値をつけています。

しかし、その後はさえず、2021年7月19日に新内外綿は上場廃止になり、同年9月30日の川本産業の株価は890円です。

恐らくこの投資で失敗した人たちは、「マスク不足」というニュースが、関連会社の業績に及ぼす影響を読み切れなかったのだと思います。マスク不足は一時的な特需に過ぎなかったのです。

もちろん、短期トレードであれば、この手の銘柄に乗るのもありですが、中長期投資をしている人は、「そのニュースが中長期的に収益構造を変えられるだけのインパクトを持っているのかどうか」という点に注目してください。

良い投資シナリオ
中長期的な新しい兆しを探す

新型コロナウイルスに関して、「多くの企業がテレワーク対応を始めた」というニュースはどうでしょうか。

テレワーク（在宅勤務）は、「働き方改革」が推進されているということもあり、コロナ禍が収まっても普及していくでしょう。中長期的に収益構造を変える兆しを持つ会社は、ある程度高めの期待値で見てもいいと判断できます。

高校や大学でもオンライン授業が増えていますから、高校生の君がすぐに思い浮かべるのは、テレビ会議システムを提供する会社でしょうか。

5G（第5世代移動通信システム）などのICT（情報通信）関連の会社は、多くの業界に経済効果が波及するインパクトを持っています。

DX（デジタルトランスフォーメーション）と言って、デジタルによる企業変革のサービスを提供する会社もコロナ禍を契機に業績を伸ばしています。

さらに、在宅勤務の増加で、住宅に求められる条件が変わり、リフォームやリノベーションの会社も注目されています。

IRの情報をチェックしよう

IRとはInvestor Relationsのことで、「投資家向け広報」などと言われています。

企業が投資家に対して経営状況や財務内容、業績推移などを知らせるための活動のことです。

株式を上場している会社であれば、どこでもIRの専門部署を持っていて、誰でも話を聞くことができます。

まず、投資先もしくはこれから投資しようと考えている会社のホームページにある「株主・投資家向け情報」をチェックしてみてください。

たとえば、君もゲームで時々遊ぶと思いますので、任天堂のホームページを見てみましょう。

IR関連の情報には、社長メッセージや最新情報、経営方針、業

績・財務情報、ＩＲライブラリーなどがあります。

たとえば、業績・財務情報にある「ゲーム専用機販売実績」をクリックしてみましょう。

すると、君が何となく感じていることが、具体的な数字で出ています。

たとえば、ゲームのハードですが、君の周りでは、「ニンテンドー３ＤＳ」を持っている人よりも、「Nintendo Switch」を持っている人のほうが圧倒的に多いのではないでしょうか。

それは、このゲーム専用機販売実績を見れば、グラフとテーブルの両方で確認することができます。

「ニンテンドー３ＤＳ」の販売台数は２０１７年３月をピークに減少傾向をたどっているのに対し、「Nintendo Switch」はものすごい勢いで伸びています。

ちなみに「ニンテンドー３ＤＳ」のメーカー希望小売価格は２万５０００円。これに対して「Nintendo Switch」のメーカー希望小売価格は２万９９８０円ですから、１台あたりの単価は「ニンテンドー３ＤＳ」よりも約５０００円高く、しかも販売台数ははるかに上回っています。任天堂のゲーム機の主軸が、「ニンテンドー３ＤＳ」から「Nintendo Switch」へと完全に移行したということです。

加えて、「Nintendo Switch」向けのゲームソフトである「ポ

Nintendo Switch の累計販売数量はハード 8459 万台、ソフト 5 億 8712 万本、ニンテンドー 3DS はハード 7594 万台、ソフト 3 億 8648 万本。（2021 年 3 月末時点）

ケットモンスター ソード・シールド」や「あつまれ どうぶつの森」が大ヒットしたことから、任天堂の業績は絶好調だろうということが推測できます。

実際に業績の数字を見てみましょう。業績・財務情報の「決算ハイライト」をクリックすると、これまでの業績推移がグラフで表示されます。

２０１８年３月期から２０２１年３月期まで、売上高、利益ともに上昇トレンドであることがわかります。

また、海外売上比率は77%にも達しているので、日本の人口減少によるネガティブな影響は、将来的にほぼ受けないだろうと考えられます。

将来の見通しは社長メッセージをチェックしよう

株式を長期的に保有するのであれば、大事なのは目先の業績よりも将来の見通しです。それも、今後10年、20年をかけて、どうなっていくのかを示すビジョンが知りたいところです。

ヒントになるのは「社長メッセージ」です。社長は、その会社にとっての大きな方針・ビジョンを指し示すのが仕事です。

たとえば、任天堂の古川俊太郎社長のメッセージで注目したいのは、「この中核ビジネスを持続的に成長させるために、『任天堂IPに触れる人口の拡大』を基本戦略として掲げ、世界中に普及するスマートデバイスをはじめ、映像コンテンツやテーマパーク、キャラクターグッズなど、ゲーム専用機以外の分野でもお客様と任天堂IPとの接点を広げていきたいと考えています」というくだりです。

IPとは「知的財産」のことです。任天堂であればマリオとかポケモンといったキャラクターです。

ゲーム業界のリスクは、浮き沈みが激しいことです。以前、任天堂が業績不振で苦しんだ時、当時の社長だった岩田聡氏（故人）は、ロイター通信社のインタビューに対して、こう答えています。

「娯楽産業に浮き沈みがあるのは宿命だが、ゲーム機1台の不振で、瞬時に赤字に陥る事業構造に

は問題がある。このため健康などの新規事業、キャラクタービジネスの積極展開、新興国向けゲーム機の投入などの展開で収益構造の多様化を図っていく」

任天堂の主要マーケットは日本をはじめ、北米と欧州ですが、近年では新興国の売上が急速に伸びてきていますし、キャラクタービジネスの積極展開については、古川社長のメッセージにも引き継がれていることがわかります。

また、古川社長のメッセージを読むと、将来的にディズニーのような存在を目指しているのではないかという気がしてきます。もし任天堂がディズニー化していくのだとしたら、将来に対する期待値は高いものと考えられます。

特別授業

N/S高投資部のメンバーがIR担当者にいろいろ質問してみた

N/S高投資部では、IR担当者を訪問して話を聞いています。高校生投資家たちがどのようなことを聞いているのか、微細藻類ユーグレナ（和名：ミドリムシ）を使った健康食品やバイオ燃料の開発で有名なユーグレナ社のIR担当者を訪問した時の様子を見てみましょう（2021年1月末に実施）。

＊＊＊

N/S高投資部（以下、投資部）　本日は、貴重なお時間をとっていただき、ありがとうございます。まず、御社の事業内容について簡単に教えてください。

ユーグレナIR（以下、IR）　弊社の創業者である出雲充が、バングラデシュで目の当たりにした貧困問題、栄養不足問題を解決できないかと考えていたところ、栄養豊富な食材である微細藻類ユーグレナと出合い、ユーグレナを通じて「人と地球を健康にする」ことを目指して創業したのがユーグレナ社です。「からだにユーグレナ」というユーグレナを原材料にした健康食品や飲料ラインナップを中心に、化粧品なども展開しています。これが弊社のヘルスケア事業です。遺伝子解析サービスのジーンクエスト社を仲間に迎え遺伝子検査の事業も展開しています。

もうひとつの事業の柱は、廃食油やユーグレナ由来油脂などを原料とした、環境に優しいバイオ燃料の研究・開発を進めるエネルギー・環境事業です。

また、創業のきっかけとなった、バングラデシュの子どもたちにユーグレナ入りクッキーを無償で配布して栄養問題を解決する「ユーグレナGENKIプログラム」や、グラミングループとの共同事業などソーシャルビジネスも展開しています。

投資部　各事業はお互いに関連しているのでしょうか？

ＩＲ　現在はヘルスケア事業で得たキャッシュをエネルギー・環境事業やソーシャルビジネスなどに投資しています。

このように言うと、利益を得ているのはヘルスケア事業だけで、他の事業は赤字なのか、というふうに受け止められがちですが、ヘルスケア事業以外も、黒字化に向けた成長ストーリーを描いて着実に歩み続けているところです。たとえば、遺伝子検査事業については、1〜2年以内に黒字化することを目標に事業を推進しています。

そして、これから大きな収益の柱になるのではないかと期待しているのが、エネルギー・環境事業です。2025年にバイオ燃料の商業用プラントを完成する目標を立てており、同時期に黒字化を実現したいと考えています。

投資部　ヘルスケア事業の販売チャネルについて教えてください。

ＩＲ　通販チャネルの比率が一番多くなっています。その通販ですが、3か月や6か月という定期で購入していただいている顧客が80％近くを占めており、もう少しで30万人に達するところまで増えています。一方、現時点の課題はオンライン比率の低さにあります。弊社の顧客はシニア層が多いため、電話やハガキでの注文比率が高くなる傾向にあります。若年層に関心を持ってもらうためのマーケティングやＰＲを推進し、ＥＣサイトをリニューアルすることで、オンライン比率を高めたいと考えています。

投資部　2020年の売上高が133億円で、2021年が152億円（見通し）ということですが、1年間で売上が約20億円も増えるという見通しは楽観的過ぎるのではないでしょうか？

ＩＲ　2018年9月期までは「ミドリムシの健康食品」という物珍しさから弊社の商品を買ってくださるお客様が大勢いらっしゃったのですが、「ミドリムシ」ブームも一巡し、2018年9月期をピークに売上は頭打ちとなりました。

その後、さらに売上を伸ばしていくためには、どうすればよいか検討した結果、マーケティングに力を入れリピーターを増やす必要があるという結論に達し、現在さまざまな施策を実施しているところです。実際、徐々に効果が出てきており、2021年9月期は152億円の見通しを立てました。決して楽観視しているわけではない点、ご留意いただければと思います。

投資部　**売上は9割が日本と聞いているのですが、海外展開はどうなっていますか？**

IR　現在、海外で弊社の商品を販売しているのは中国がメインです。これまでは認証の関係で米国向け輸出ができなかったのですが、ようやく米国における食品安全性に関するGRAS認証を取得できましたので、これからは米国向け輸出が可能になります。今後は、米国展開も視野に入れ、事業の拡大を目指しております。

投資部　**バイオ燃料の可能性はどうですか？**

IR　バイオジェット燃料の世界市場規模は2018年で10億円程度ですが、2025年には1兆円規模になると見ています。また、バスやトラックに用いるバイオディーゼル燃料は4・5兆円規模ですが、将来的には7・5兆円まで増えると見ています。

2050年にはCO2排出をゼロにするという脱炭素に関する政府目標もありますの

で、バイオ燃料に対する需要は今後高まっていくでしょう。バイオ燃料世界最大手の会社はフィンランドのNeste（ネステ）という会社です。この会社のバイオ燃料セグメント（Renewable Products Segment）の売上は約５０００億円、営業利益率は40％超です。それだけのポテンシャルを持った事業であるとお考えください。

投資部　連結ベースではいつくらいに黒字化できる予定でしょうか？

ＩＲ　弊社は１年後の業績見通ししか公表していないので確約はできませんが、遺伝子検査事業とソーシャルビジネスについて早期黒字化を目指し、バイオ燃料事業の赤字部分を吸収してきたいと考えています。

投資部　２０１９年には78億円あった現金および現金同等物が、２０２０年は62億円まで減っています。１年間で約15億円もキャッシュが減ったのはなぜでしょうか？

ＩＲ　１年で約15億円のキャッシュアウトは、売上が減ったことが主な要因とみています。ただ、社内的に現金および現金同等物の最適水準を設けており、62億円はその水準内であるため、事業の継続に関しては問題ないと考えています。

また、弊社のようにまだまだ成長を目指していく企業の場合、社内に現金を貯めておくよりも、投資を行い、事業を軌道に乗せることのほうが大事ですし、それがユーグレナ社らしさでもあると考えています。

投資部　**とてもよくわかりました。ありがとうございました。**

＊＊＊

上場会社であれば、IRの部署が投資家に対して経営状況や財務内容、業績推移などの投資情報を発信しています。各社のIRページで、決算短信や有価証券報告書、中期経営計画などを見ることができます。それらの投資情報を自分なりに調べて、もっと知りたいことやわからないことがあったら、IR担当者に電話をして質問しましょう。

連絡先の電話番号は、各投資家向け資料に書かれています。また、各社のホームページや『会社四季報』に載っている代表番号に問い合わせをしてもいいでしょう。**「御社の株式への投資を検討している○○と申します。中期経営計画について質問させてください」などと伝えれば、高校生の君でも親切に答えてくれるはずです。**

ユーグレナ社のIR担当者はとても丁寧に回答してくれましたが、中には対応の悪い会社もあるかもしれません。その対応も踏まえて、投資の判断基準にしましょう。

もちろん、質問する君の態度も重要です。**電話をかける前に、自分で調べたこと、聞きたいことなどを整理して、短時間にできるだけ要領よく話を聞けるように、事前準備を心がけ、丁寧な言葉遣いで質問しましょう。**

4時間目

「価値」と「価格」のギャップを探す！

LESSON

4-1 株価はどうやって決まる？

すべてのモノの値段は変動している

魚屋さんで売られている魚、八百屋さんで売られている野菜や果物、デパートの洋服売り場にある最新ファッション。そのいずれにも「値段」がついています。

これらの値段は、その時々に応じて変動していることをご存じでしょうか。君のお父さんやお母さんが時々、「最近、野菜が高くなった」などと嘆いているのを聞いたことはありませんか。**野菜にしても魚にしても、お店で表示されている値段は日々違います。**

同じ日でも、時間によって価格は変わります。たとえば、スーパーの閉店間際に弁当や惣菜などが売れ残っていると、値下げして売っています。翌日には売り物にならないので、その日のうちに売り切りたいのです。

これは季節の変わり目で、夏物や冬物のバーゲンセールが行われるのと同じ理屈です。

「株価」は、その会社の株式を売り買いするのに用いられる値段です。なので、野菜や魚と同じように、価格が変動します。

すべての
モノの値段は
需要と供給で決まる

野菜や魚、洋服などの値段が変動するのは、需要と供給の力関係があるからです。

野菜や魚を買う消費者は「需要者」であり、それを製造したり販売したりしている人たちは「供給者」になります。

魚屋さんの例で説明しましょう。閉店時間が近づくと、値段を安くする「特売」を行うのは、売れ残りを出したくないからです。

これを需要と供給の関係で考えると、店頭には魚が残っているのですから、供給過多ということになります。

モノの値段は需要と供給で決まります。供給が需要を上回ると値段は下がり、需要が供給を上回ると値段は上がります。
魚
1尾 100円！
魚
1尾 200円
供給過多
需要不足

村上顧問の話

ある年の９月に帰国した時、サンマを買って食べたのですが、１尾の値段は500円くらいしました。庶民の魚と言われるサンマにしては高い値段です。

しかも、食べてみて驚いたのですが、脂が乗っておらず、痩せていたのです。

ところが11月に帰国した時は、丸々と太った、脂が乗った美味しいサンマを食べることができました。しかも、値段は１尾150円と安かったのです。

痩せていて美味しくないサンマが500円なのに、どうして丸々太っていて美味しいサンマが150円なのでしょうか。これこそまさに需給バランスの問題です。

９月の痩せたサンマは不漁の時でした。つまり需要に対して供給量が不足したため、サンマの値段が上がってしまったのです。

これに対して11月のサンマは水揚げが堅調で、需要を十分に満たせるだけの供給量がありました。そのため、値段が１尾150円というリーズナブルな水準にまで下がったのです。

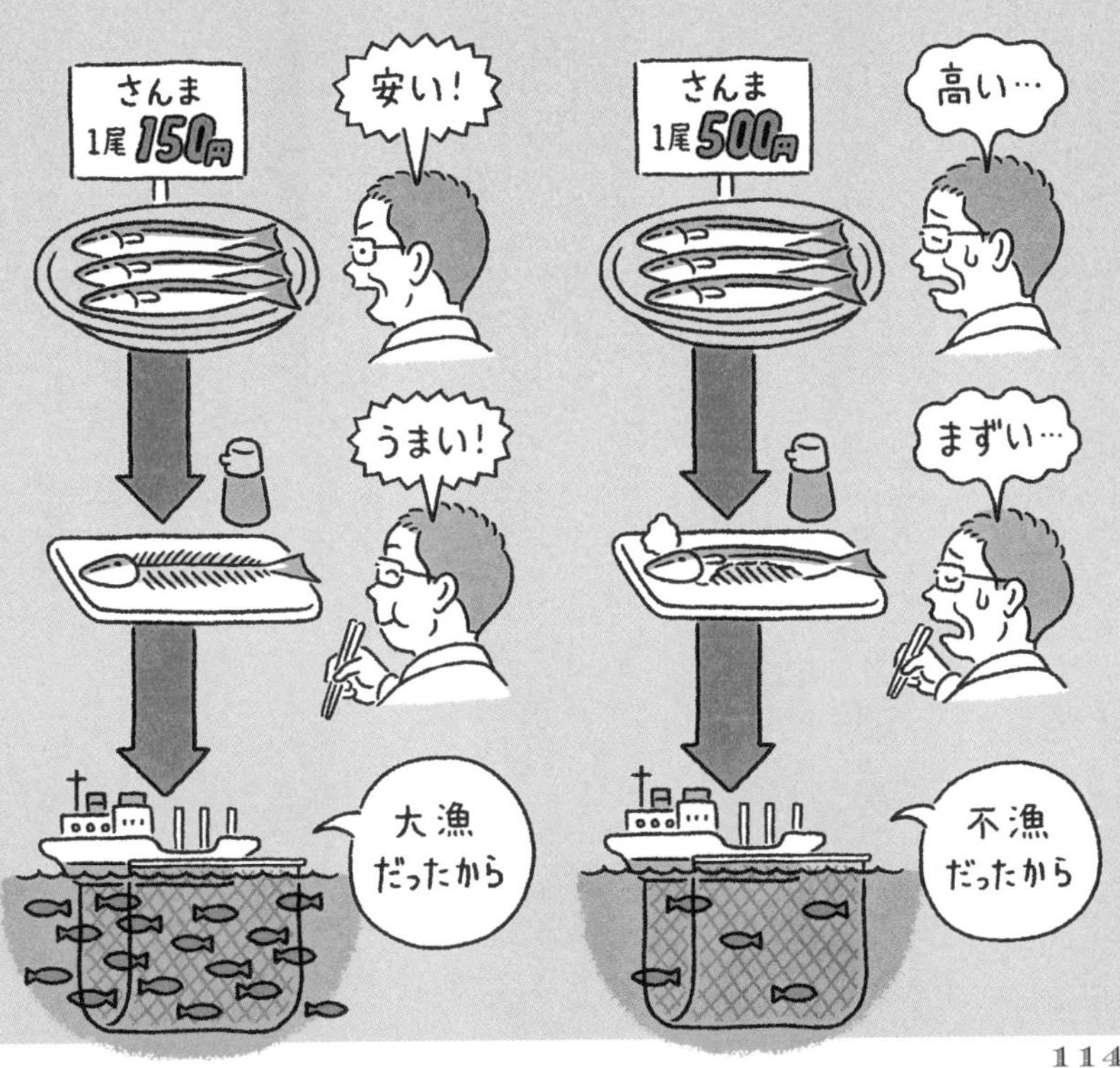

一方、閉店時間になると、魚を買いに来るお客さんが少なくなりますから、需要不足になります。

それでも魚屋さんとしては、できるだけ売れ残りを減らしたいと思いますから、利益がほとんど無くなったとしても値段を下げて、何とか売りさばこうとします。

つまり供給が需要を上回ると、値段は下がります。

また、それとは逆に需要が供給を上回ると、値段は上がります。

たいていのモノの値段は、このように需要と供給のバランス（＝需給バランス）によって変動するのです。

需要が増えると値段が上がり、供給が増えると値段が下がる。これは株価も同じです。

自分の頭で考える投資家が利益を得る

株価は、買い手と売り手の思惑が錯綜するなか、値上がりと値下がりを繰り返しながら、中長期的に上昇トレンドか、下降トレンドを描いていきます。

株価が上昇トレンドを描く時の投資家の動きを見てみましょう。

X社の株式を適正な価格だと思った投資家Aさんが買いました。株価は少し値上がりします。

投資家Bさんがその動きを見て買いました。さらに株価は値上がりします。この値上がりに気付いた投資家Cさんが買いました。株価はさらに値上がりします。

すると、最初に買った投資家Aさんは、利益確定のために売りました。株価はやや下がります。

この下げを見て、「この株価は値上がりするはずだ」と考えた投資家Dさんが買いました。こうして株価は再び値上がりします。

株価の再浮上の動きを見た投資家Eさん、Fさん、Gさんが買いました。株価は急騰しました。

投資家Eさん、Fさん、Gさんのように、株価が値上がりしていると飛びつく投資家が大勢いるから、株価はピークを付ける直前に急騰するケースが多いのです。

ここまで値上がりすると、投資家BさんやCさんはもう十分に利益を得ているので、持っている株式を売却して利益を確定させます。

すると株価は急落しました。

値上がりに飛びつく残念な投資家の末路

株価が戻らないことに痺れを切らした投資家Dさんが、「ひとまず撤退しよう」と考えて売却します。株価はさらに下がります。

投資家Eさん、Fさん、Gさんは、ただ値上がりしている株式を買った投資家ですから、なぜ株価が急に下落し始めたのか、その理由がわからずに狼狽しています。

最終的に投資家Eさん、Fさん、Gさんは「損失が大きくなるのは我慢できない」と判断し、手持ちの株式を売却します。この時点でさらに株価は大きく下げます。

ところが、投資家Eさん、Fさん、Gさんが手持ちの株式を全部

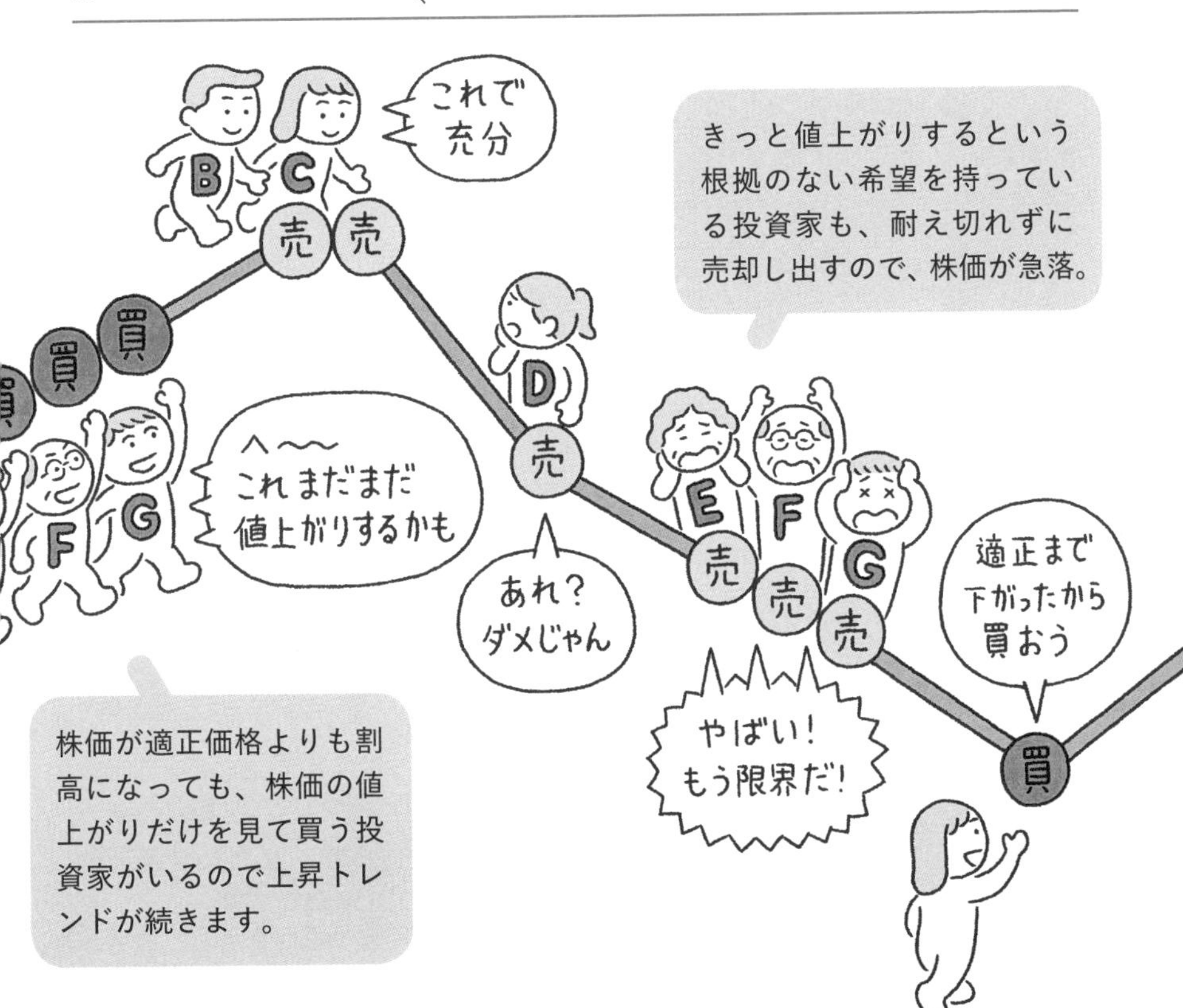

これで
充分
きっと値上がりするという根拠のない希望を持っている投資家も、耐え切れずに売却し出すので、株価が急落。
へ〜〜
これまだまだ
値上がりするかも
あれ？
ダメじゃん
適正まで
下がったから
買おう
やばい！
もう限界だ！
株価が適正価格よりも割高になっても、株価の値上がりだけを見て買う投資家がいるので上昇トレンドが続きます。

売却する頃には、もうそれ以上、株式を売る投資家が少なくなりますから、皮肉なことですが、株価は下げ止まります。

こうして株価は大きなワンサイクルをこなすのです。そして、適正価格と見た投資家が買いに来ることで、株価は上昇を始めます。

相場の格言で、**「相場は悲観の中に生まれ、懐疑の中に育ち、楽観の中で成熟し、幸福感の中で消えていく」**という言葉があります。

株価が底を打って上昇に転じ、じわじわと値上がりしていく中で徐々に上昇スピードが加速し、皆が儲かる気がしているうちに、いつの間にか天井をつけて下げに転じるという一連の流れを、上手く表現した格言だと思います。

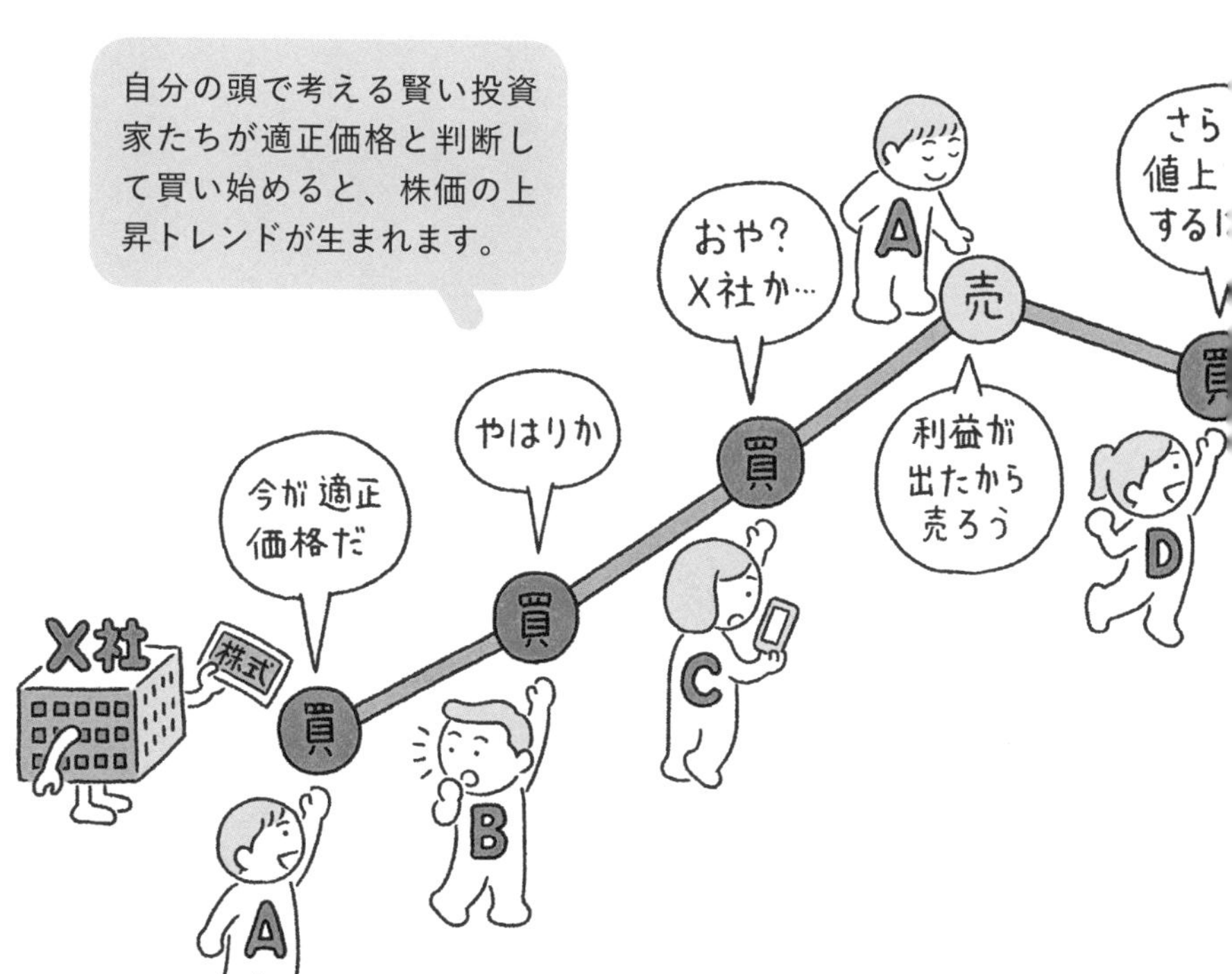

自分の頭で考える賢い投資家たちが適正価格と判断して買い始めると、株価の上昇トレンドが生まれます。
X社
株式
買
今が適正価格だ
A
買
やはりか
B
買
おや？X社か…
C
売
A
利益が出たから売ろう
買
さら値上するに
D

LESSON 4-2

価格に騙されるな！

30年落ちの中古車が1000万円！

最近、1980年代後半から1990年代にかけて製造された日本車が、海外のオークションで高値をつけています。1000万円で落札された車もありました。

日本のネオクラシック車に興味のある人にとっては、それだけのお金を出す「価値」があるのでしょう。でも、車に全く興味がない人なら、「当時、新車で350万円も払えば買えた中古車に、1000万円も出すなんてクレイ

ジーだ」と思うに違いありません。**高額のお金を払う人がいる一方で、そんな金額は払いたくないと思う人がいる。これこそが「価値」と「価格」の違いです。**

君も、他人から見たらゴミに見えても、君自身にとってはプライスレスな宝物と思えるモノを持っているのではないでしょうか。

価格（＝値段）が高いものであっても、関心が無い人にとっては、それは無価値と言っても過言ではありません。つまり「価格＝価値」ではなく、価値と価格の間には乖離が生じるものなのです。

価値と価格は異なるものです。株式投資で成功するためには、価値と価格の違いをしっかり頭に入れておく必要があります。

ケインズの美人投票

オークションは、そのモノを購入して所有したいのですから、自分の価値で判断すればいいわけです。ところが、株式投資は、購入した後で売るのですから、自分の価値ではなく、他の投資家の価値を考える必要があります。このことをうまく言い表しているのが「ケインズの美人投票」です。

ここに100枚の女性の写真があります。その中から、美しいと思う写真を選んで投票します。その投票結果で、投票者全体の平均的な好みに最も近かった人に賞品

がもらえます。君ならどのような投票をしますか？

賞品を手にするためには、自分の好み（価値）は関係ありません。投票者全体の好み（価値）を見極める必要があります。自分が美しいと思う写真を選ぶのではなく、他の投票者の好みに最もよく合うと思う写真を選ぶことで賞品を得る確度が高まります。

有名な経済学者のケインズは、賢い投資家の投資行動は、この美人投票と同じだと言ったのです。

投資家の多くが値上がりするであろうと判断する銘柄を選ぶことが有効な投資方法であるということです。つまり、**自分の価値ではなく、他の投資家の価値を考えることが重要になるのです。**

買い物上手は投資上手

買い物がうまい人は、投資のセンスがあると思います。スーパーで大根を買う時、買い物上手な人は、「産地はどこか」「採れたてか」「大きさは」などをチェックしたうえで値段を見て、妥当な値段だと思えば買います。

私たちの日常生活は、お金を払ってモノやサービスを手に入れているので、値札を見る機会はたくさんあります。

大事なことは、その金額を漠然と見るだけではなく、なぜその金額になるのかを自分の頭で考えることです。それを日々繰り返していると、株式の銘柄を選ぶ時にも、とても役立つのです。

株式投資の会社選びも、日常の買い物でお買い得品を選ぶのも、基本となる考え方は同じだからです。つまり、**本来の価値に対して、値段が割安になっているものを探す**、ということです。

価値と価格のセンスを養う方法

投資に役立つ価値と価格のセンスを養う方法としては、「値段当てクイズ」が一番良いのではないかと思います。

これは、レストランなどで食事に掛かった金額を、みんなで当てるゲームです。

このゲームのミソは、先に言った人の金額よりも５００円以上離れた金額を言うことです。

たとえば、君の予想金額が８７００円で、君の前の人の予想金額が８０００円だったとしましょう。

８０００円ですから、君が言える金額は７５００円以下か８５００円以上になります。

したがって８７００円と言っても大丈夫なので、８７００円と発表します。すると、次の人が言える金額は、８２００円以下か９２００円以上になります。

では、ここで一計を案じて、８７００円ではなく８９００円と言ったとしましょう。こうすると、次の人は８４００円以下か、９４００円以上を言わなければなりません。

なぜそのようなことをするのかというと、君が適正だと思っている金額に対して、後から答える人たちの金額を離すためです。

正解が９１００円だとしましょう。君が８７００円と言い、次の人が９２００円と言ったら、君の負けです。

でも、君が８９００円と言えば、次の人は９４００円以上でしか答えられなくなります。そして、仮に９４００円と答えたとしても、君は正解に対して２００円の差である一方、次の人は３００円の差になりますから、君の勝ちです。

ルール

- 会計をする前に、同席者全員の食事代がいくらになったのかを、一人ひとりが予想して、予想金額が一番近かった人が賞金をもらえる。
- 注文をするまでメニューを見て金額を覚えてもいい。
- 自分よりも先に言った人の金額よりも500円以上離れた金額を言わなければならない。

価格の推測力も戦略的な思考も育つ

このゲームの面白いところは、第一に価格を推測する力がつきます。最初にメニューを見ることができますから、そのお店の料金設定、食材の相場などから価格を推測できます。これを繰り返すことで、**価格に対する感覚を磨くことができます。**

次に戦略的な思考が身につきます。500円以上離れた金額でしか答えてはいけないというルールのもと、どのように自分が価格設定をすれば、他の人よりも勝率が上がるのかを考えることになるので、**勝つための戦略的思考が育まれるのです。**

村上顧問の話

私は子どもの頃、デパートなどに陳列されている商品の値札を見るのが大好きでした。

別に、その商品が欲しかったわけではありません。

「なぜこの値段なのか」を考えることが好きだったのです。

考えてみれば不思議なものです。同じ布で作られている洋服なのに、催事場で特売されている洋服の値段は、どうして一流ブランド店で売られている洋服の値段よりも格段に安いのか。もちろん素材の違いもあるでしょうし、工場で大量生産されているのか、それともハンドメイドなのかの違いもあるでしょう。

さらにいえば、一流ブランド店で売られている洋服は、恐らくそのブランド価値が値段を押し上げているのかも知れない。

そんなことを一人で考えている、ちょっと変わった子どもでした。

でも、そんなことを繰り返しているうちに、モノの価値と価格について、人とはちょっと違ったセンスを身につけられたような気がします。

LESSON 4-3

割安銘柄を見つける3つの指標

本来の価値に対して、価格が割安な状態になっているものを買う。それが買い物上手と言われる人たちです。

株式投資の銘柄選びも同じです。とはいえ、どうやって本来の価値よりも割安かどうかを判断すればいいのでしょうか。

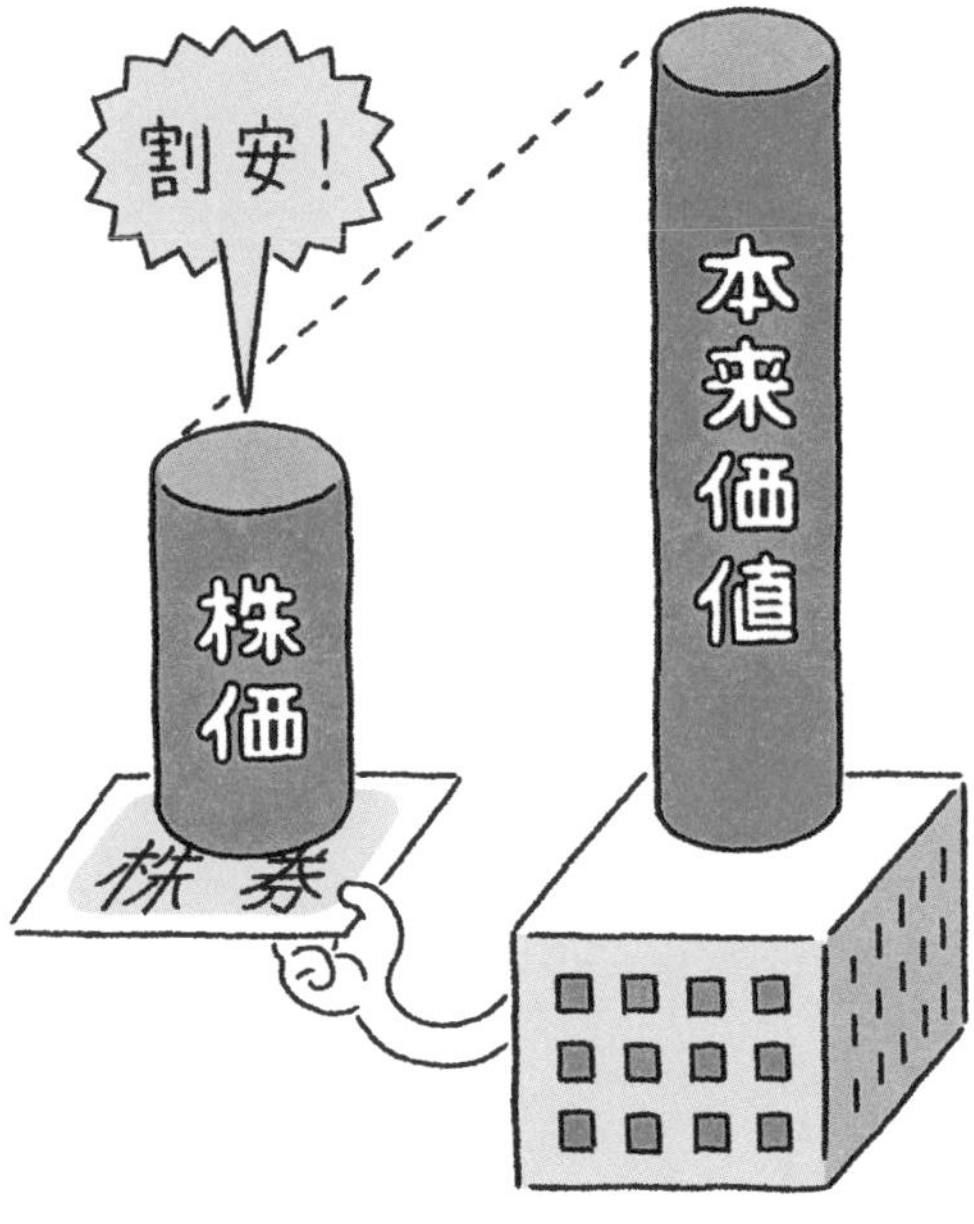

株式投資で、今の株価が割安かどうかを判断するための基準として覚えておきたい指標が3つあります。

PER、PBR、ROEです。それぞれを解説しましょう。

PER（株価収益率）

利益に対して株価が割安か

利益をたくさん挙げる会社には、誰もが投資したいと考えます。したがって、利益をたくさん挙げる会社の株価は値上がりします。

つまり、株価にはその会社の利益が反映されると考えることもできます。

PERは、Price Earnings Ratioの略で、「株価収益率」と訳されます。**その会社の利益に対して、株価が何倍まで買われている**

のかを示しています。

株価には、その会社の利益が反映されているのだとしたら、その利益と株価を比べて、今の株価がどのくらい割安なのかを見るための指標と言ってもいいでしょう。

税引き後利益とは、法人税や地方税を納めた後に残った利益のことで、「純利益」とも言います。これは純粋にその会社が好きなことのために使えるお金です。これを発行株式数で割ったものが、1株あたり税引き後利益です。

そして現在の株価を、1株あたり税引き後利益で割れば、ＰＥＲが求められます。

たとえば1株あたり税引き後利益が20円で、株価が５００円だとしたら、５００円÷20円＝25です。

PERの計算式

株価÷1株あたり税引き後利益

PERは、その会社の利益と株価を比べて、今の株価がどのくらい割高か、割安かを判断するための指標。

つまり、PERは「25倍」になります。

簡単な割り算なので簡単に求められますが、『会社四季報』にはPERが載っています。また、1株あたり税引き後利益も「1株益」という略語で載っていますので、現在の株価をこの数字で割ればPERが計算できます。

ちなみに1株あたり税引き後利益とは、1年間の事業活動の結果得られた利益ですから、株価をこの数字で割るということは、**「現在の株価は、その会社の何年分の利益を織り込んで買われているのか」**を意味することになります。

PERが25倍なら、それは25年分の利益を織り込んで株価が評価されている、ということです。

PERで割高か割安かを判断する方法

では、計算したPERが割高なのか、割安なのかをどう判断すればいいのでしょうか。これには2つの判断方法があります。

1つは業種平均のPERと比べる方法です。たとえば2021年4月30日の任天堂の終値6万2690円を、同社の1株あたり税引き後利益（2021年3月決算予想）3442円で割ると6万2690円÷3442円＝18・21なので、PERは18・21倍です。

では、任天堂が属している業種の平均PERは何倍かを見てみましょう。業種の平均PERはJPX（日本取引所グループ）のホームページで調べることができます。

任天堂は「その他製品」に属しています。この業種の平均PERは、38・85倍ですから、任天堂のPERはそれと比べてかなり割安であると考えられます。

ちなみに、『会社四季報』には来季の1株益の予想が載っているので、今後のPERがどうなるかを計算することができます。

もう1つは過去のPERと比べる方法です。過去のPERは、「みんかぶ」などの投資情報サイトで検索すると出てきます。

任天堂のPERの過去最高は30・71倍、過去最低は17・09倍です。現在のPERは、決して割高ではないことがわかります。

PBR（株価純資産倍率）

純資産に対して株価が割安か

PBRとはPrice Book-value Ratioの略で、「株価純資産倍率」と訳されます。

純資産とは、その会社が持っている、その会社に帰属する財産のことです。返済義務が一切発生しない資産のことで、「自己資本」とも言います。

具体的には会社を立ち上げる際に、投資家に株式を渡す代わりに受け取った現金が自己資本です。これに加えて、資本剰余金や利益剰余金などが、自己資本に組み入れられています。

PBRの計算方法は、その会社

PBRの計算式

株価÷1株あたり純資産

PBRは、その会社の1株あたり純資産と株価を比べて、今の株価がどのくらい割高か、割安かを判断するための指標。

の純資産の総額を発行済株式数で割り、1株あたり純資産を算出します。『会社四季報』には配当欄の下に「1株純資産」として掲載されています。そして、株価を1株あたり純資産で割ることによって、PBRが求められます。

任天堂の1株純資産は1万4573円です。2021年4月30日の任天堂の終値6万2690円をこの1株純資産で割ると、4・3倍という数字が求められます。

PBRは、1倍だと1株純資産と株価がイコールになるので、その会社自身の財産と株価が同じ水準で評価されていることになります。1倍を超えてくると、会社自身の財産に対して株価が割高に買われていることになります。

PBRで割高か割安かを判断する方法

任天堂のPBR4・3倍は、1倍を超えているので割高と考えられます。ちなみに東証1部上場の「その他製造」の業種別PBR平均は1・6倍ですから、業種平均と比べても任天堂のPBRは割高と考えられます。

ただ、大事なことですが、**単純にPBRの水準が高いからといって、株価が天井圏にあるとは限らないのです。**

たとえば増収増益の会社になると、たとえPBRが高かったとしても、将来性が評価されてさらに株価が一段高くなることも十分に考えられます。

逆に、PBRが低いから安心とも言えません。なかには全く成長性が期待できず、株価が大幅に下がっていて、万年低PBR銘柄になっている会社もあります。最近だと地方銀行のPBRが非常に低く、なかには0・09倍などという銘柄もあります。

つまり、PBRが1倍を大きく割り込んでいるからといって、即座に飛びつくのはご法度です。

大事なのは、なぜそこまで株価が割安に放置されたままなのかを考えることです。その理由が、その会社の将来性にとって致命的な要因だとしたら、PBRの水準だけを見て投資するのは、あまりにも危険です。

ROE（自己資本利益率）

グローバル基準の投資指標

日本企業の多くは内部留保と言って、社内に財産を貯め込む傾向があります。景気が急激に悪くなった時でも、倒産せずに済むという考え方なのですが、**海外、とりわけ米国では、内部留保を増やすと経営者は仕事をしていないとみなされます。**

会社は誰のものでしょうか。もちろん株主のものです。米国だと、この考え方が徹底しています。したがって株主としては、自分たちが投資しているお金を有効活用して、より大きな収益を生んでほしいと常々思っています。

ROEの計算式

税引き後利益 ÷ 自己資本

ROEは、その会社が、株主が出したお金を使って、どれくらい効率よく稼いでいるかを判断するための指標。

株主のお金を使って、どれだけ効率よく稼いでくれているのかを見るための指標がROEです。

ROEは、Return on Equity の略です。エクイティは株主資本という意味です。つまりROEは「株主資本利益率」を意味します。**株主が出したお金（＝株主資本）を用いてどれだけ稼いでくれたのかを示す数字です。**

ROEは、税引き後利益を自己資本で割って求められます。

『会社四季報』で任天堂を調べると、自己資本は1兆7360億2300万円、税引き後利益は4200億円です。したがって、ROEは、4200億円÷1兆7360億2300万円＝0・24＝24％ということになります。

ROEで割高か割安かを判断する方法

24％という数字が高いかどうかですが、とても高い部類に入ります。

日本企業は総じてROEが低く、過去の数字で見ても10％を超えたことはほとんどありません。だいたい5～8％程度です。

これに対して欧米企業はどうなのかというと、平均値は15％程度です。非常に優良な会社だとROEが30％を超える会社もあります。

一般的に、多くの現金を持っているのに株価が低迷しているような会社はROEも低水準です。

会社は世の中を良くするためにたくさんの投資を行い、その成果が新しい利益を生み、さらに投資を行うという好循環のなかで、成長していくものです。

ところが、日本企業の多くは稼いだお金を社内に貯め込んでおく傾向が非常に強く、それが新しい成長を阻害している原因の1つであるとも考えられます。

逆に考えれば、**現金をたくさん貯め込んで株価が低迷している会社は、次の成長機会をつくるためにその現金を上手く使うことができれば、大きく成長できるとも考えられます。**

したがって、内部留保が多いためにROEが低く、かつ株価も低迷しているような会社は、絶好の投資対象とも言えるのです。

4時間目

「価値」と「価格」のギャップを探す！

LESSON 4-4

会社四季報で会社の中身をチェック！

『会社四季報』の特徴は、全上場企業のあらゆる会社情報がコンパクトに収められていることです。

具体的には、事業内容、現在の業況、特筆すべき事項、業績推移と今後の見通し、財務状況、配当の推移、株価チャート、株主、そしてPERやPBR、ROEなどの各指標、株主といったことが、一覧できるのです。

数字と文字しかありません。これを見て「面白い」と思う人は、本当に少数でしょう。ほぼゼロと言ってもいいかも知れません。

でも、考え方次第です。『会社四季報』でお金を稼ぐことができると言ったら、君は信じるでしょうか。実は、それは決して不可能なことではありません。書かれている内容を読み込んでいくうちに、「この会社に投資したら儲かるかも知れない」というおトクな情報を見つけることができるのです。

ただ、すべてを読みこなすには、財務諸表などの知識が必要です。たとえば業績欄を見ると、営業利益、経常利益、純利益というように、「利益」という言葉が3種類も出てきます。「いったい何がどう違うの？」と思う人が大半でしょう。

大人の投資家だって、すべてを読みこなしているわけではありません。賢い投資家は、チェックするポイントを持っているのです。

業績欄で稼ぐ力をチェックしよう

まず、会社にとって何よりも大事な業績の見方から説明していきましょう。**基本的に「売上高」と「営業利益」がともに増加傾向をたどっていれば、順調に業績が拡大していると判断できます。**

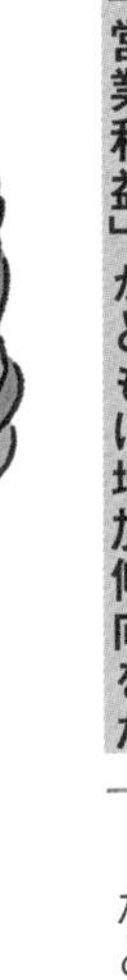

●売上高

「売上高」は、その会社が商品やサービスを販売することで得た総額です。

たとえば1個100円の商品が10個売れたとすると、売上高は1000円になります。

売上高を見るポイントは、その数字が年々増えているかどうかです。売上が全てではありませんが、まずは売上がしっかり伸びていないと、利益を増やすことができません。

●営業利益

次に「営業利益」です。売上高の中には、その商品の原価が含まれています。原価とは、たとえば100円の商品を仕入れたり製造したりした時にかかる原材料費などのことです。

この原価に加え、商品を販売する際にかかった宣伝費用や販売する従業員の給料、発送費用、商品の保管費用などを差し引いた残りが営業利益になります。

企業活動は、たとえば自動車メーカーなら自動車を製造して販売することで売上を立て、さらにそこから営業利益が生まれるわけですが、こうした本業以外にも、たとえば利益の一部を預金して得られた利息、あるいは他の会社に投資して得た配当金など、本業以外の経済活動によって得られる収益があります。

逆に、銀行からお金を借りていたら、その借金の利息を払うなど、本業以外のところで生じる費用もあります。

この本業以外で得た収益を営業利益に加え、そこから本業以外で支払った費用を差し引いたものが、経常利益になります。

一般的には本業の利益である営業利益よりも、その会社の業務全体を通じて得た利益を示す経常利益の方が重視されます。

● 税引き前当期純利益

会社経営をしていると、時々、会社の通常の活動によるものとは全く異なるところで利益を得ることがあります。たとえば持っていた不動産を売却したら一時的に大きな収入が得られたといったものがそれに該当します。

この利益は一時的な収入ですから、今期の決算にしか反映されません。このような臨時収入的な収益を「特別利益」と言います。

またそれとは逆に、会社の通常の活動とは無関係な損失が生じることもあり、これを「特別損失」と言います。

この特別利益と特別損失を加味した利益が、「税引き前当期純利益」になります。

● 当期純利益

この税引き前当期純利益には法人税や住民税、事業税などの税金がかかります。そういった各種税金を差し引いて残った利益が「当期純利益」になります。

株式に投資して株主になると、毎年決算が終わった時に「配当金」が得られます。配当金は、その会社が1年間、活動したことで得た利益の一部を、会社のオーナーである株主に還元するためのものですが、この配当金の元になるのが、当期純利益です。

● 1株益

「1株益」は「1株あたり利益」のことで、当期純利益を発行済株式数で割って求められます。株価を1株あたり利益で割ったものがPERです。

財務欄で健全性をチェックしよう

年収が2000万円の人がいたとしましょう。立派な高額所得者です。

ところが、浪費をしまくっていて、実は借金が5000万円くらいあったらどうでしょうか。それも住宅ローンのように、借金しても家という資産が残るようなものではなく、呑んだり、遊んだりで使い果たしてしまい、後に何も残らない類いの借金です。

収入だけを見れば、この人には稼ぐ力があるので、言うなれば優良物件ということになるのですが、懐事情を見ると大きな借金を抱えていて、その元利金の返済に追われている状態です。生活態度としては不健全です。

財務欄は会社の懐事情を見るためのものです。

いくら利益を生み出している会社であったとしても、莫大な負債を抱えていては健全経営が行われているとは言えません。

会社にとって業績、つまり稼ぐ力はとても大事ですが、同時に稼いだ利益をしっかり管理していくための財務力も、とても大事なのです。

●総資産

総資産は、その会社が商品やサービスを生み出すために持っている資産の総額です。

たとえば本社ビルが自社ビルで

あれば「不動産」という資産がありますし、営業に使われている車両、工場、工場に入っている機械、事務所の机や椅子、コピー機、ソフトウエア、特許を持っていれば特許権、現預金、投資している株式などの有価証券などが、その会社の資産になります。

●負債

ただし、これらの資産はすべて会社のお金で買ったものばかりとは限りません。

たとえば自社ビルや工場、その工場に入れている機械などは、銀行などからお金を借りて買っているケースもあります。というか、恐らくそれが普通です。

このように、銀行などから借り入れたお金のことを「負債」と言います。また原材料を仕入れたものの、その支払いが済んでいない場合、その金額も負債にカウントされます。

●自己資本

そして、総資産から負債の額を差し引いて残った資産が「純資産」になります。『会社四季報』では「自己資本」という項目で掲載しています。純資産とほぼ同じと考えてください。

負債はいずれお金を借りた先に返済しなければなりませんが、純資産は純粋に、その会社の財産です。借金のかたに取られたりもしません。自分で自由に使える資産と言ってもいいでしょう。

●自己資本比率

自己資本比率は、自己資本の額が総資産に対して何パーセントあるのかを示したものです。

当然、負債が少なければ少ないほど、自己資本比率は高くなります。たとえば総資産に対して負債が30％だとしたら、純資産の割合は70％で、自己資本比率も70％になります。

上場企業の自己資本比率を見ると、だいたい40％程度です。ちなみに任天堂の自己資本比率は74・6％ですから、これはかなり高い方です。

●資本金

資本金は、株式を発行して、それを投資家に買ってもらうことで調達されたお金です。

●利益剰余金

利益剰余金は、会社が稼いだ利益のうち、株主への配当に回さずに貯め込んでいるお金のことです。「内部留保」と言われることもあります。

当然、利益剰余金がたくさんある会社は、それだけたくさん貯蓄しているということなので、たとえば業績が急激に悪化して収入が無くなったとしても、この貯蓄を取り崩して活動し続けることができます。

しかし、利益剰余金がたくさんある一方、研究開発をほとんど行っていないような会社は、将来の成長が期待できないので、設備投資や研究開発にしっかりお金を出しているかどうかも、併せてチェックしておきましょう。

●有利子負債

なお、自己資本比率の高い会社は、総じて有利子負債が少ないものです。有利子負債とは、利子を払わなければならない負債のことで、銀行からの借入金などが該当します。

ちなみに任天堂の場合、有利子負債は全くありません。非常に強い財務体質を持っていることがわかります。

LESSON 4-5

将来性を予測するための情報を集めよう

株式投資は、現在の業績から健全性と安全性を調べるとともに、**将来性を予測することも大事です。**なぜなら、会社の将来の成長にお金を投じる行為だからです。

では、将来の成長が期待できる会社を探すためにはどうすればばいいのでしょうか。

すべての上場企業の情報をやみくもに調べていたら、いつまでたっても絞り込めません。

1つの方法として、大きなトレンドをつかんで、そこから有望な企業を見つける3つのステップを考えてみましょう。

ステップ❶ 総人口が増えている国でビジネスをする会社を探そう

一国の経済成長、将来性は人口によって決まると言っても過言ではありません。

GDP（国内総生産）という言葉を聞いたことがあるでしょう。一定期間内に、国内で生み出された商品やサービスの付加価値の総額です。このGDPが増えれば増えるほど、その国の経済は成長していると考えられます。

国内で生み出された商品やサービスには、それらを購入する人々がいます。この人たちが1年間で1人につき100万円相当の商品やサービスを購入したとしましょう。総人口が100人いるとしたら、GDPは1億円です。

ところが翌年、理由は何でもいいのですが、人口が120人に増えたとします。この場合、1人あたりの消費額が前年と同じ100万円だったとしても、GDPは1億2000万円に増えます。つまり人口が増える国は経済成長が期待できることになります。

　1990年代から現在に至るまで、なぜ先進国のグローバル企業がこぞって中国に進出したのかというと、まさにこの人口増に対して期待したからなのです。

　何しろ中国には14億人もの人口がいます。世界一の経済大国である米国でさえ、総人口は3億2906万人です。日本に至っては、減少傾向をたどり、総人口は1億2541万人しかいません。

　その他の先進諸国を見ても、1億人にも満たないところがたくさんあります。ドイツが8351万人、イギリスが6753万人、フランスが6513万人、イタリアが6055万人、カナダが3741万人です。

その欧州各国も、日本と同様に高い経済成長は期待しにくい状況に直面しています。どの国も人口がピークアウトしていて、これからは人口減少社会に移行していくものと考えられるからです。

このように、**人口が減少傾向にある国の中でのみ商売をしている会社は、人口の減少にともなってどんどんマーケットが縮小してしまいます。**つまり売上はどんどん目減りしていくでしょう。

したがって、日本企業でも内需と言って、国内における商売をメインにしている会社は、将来性が期待しにくくなります。

その反面、日本から世界に打って出て、しかも**これから人口が増えて経済成長が期待できるような国に橋頭保を築いているような会社は、日本企業といえども成長余地はあると考えられます。**

インドネシア（2億7062万人）、フィリピン（1億811万人）、ベトナム（9646万人）など、ＡＳＥＡＮ諸国は今、将来の経済成長が期待されています。これに加えて近い将来、総人口が中国を追い抜くインド（13億6641万人）も、マーケットとしては高い魅力を持っています。

もちろん、1年か2年くらいで結果を出すのは難しいと思いますが、10年単位の長期投資を行うのであれば、こうした新興国に拠点を持ち、市場開拓を行っている会社は、将来的に投資する魅力が高いと考えられるのです。

ステップ❷ 『会社四季報 業界地図』で注目業種をチェック

人口増加に加えて、チェックしたいのが、いま将来性が期待されている業種や業界です。

このチェックには、『会社四季報 業界地図』が参考になります。特に「注目業種」のページです。2021年版には、注目業種として「5G」「キャッシュレス」「リチウムイオン電池」「スキルシェア」「テレワーク」「宇宙開発」など、全部で21業種が取り上げられており、2020年度後半から2021年度にかけての業界天気予想もついています。

業界天気予想はあくまでも目先

の業界の景況感を示すものですが、これら21業種の中には、中長期的に大きく成長する可能性のある業種も含まれていますので、そこから将来性のある会社を探していきます。

たとえば、君も興味を持っているかもしれない「eスポーツ」の業界天気予想を見ると、2020年度後半は新型コロナの感染拡大を受けてリアル大会の開催が見送られ、薄曇りとなっていますが、2021年度は晴れマークがついています。つまり「市場は堅調に拡大傾向」という意味です。

国内市場規模も、2023年まで順調に右肩上がりで成長していくと予想しています。

eスポーツ関連の会社はどうい

うところがあるのかというと、まずゲームソフトの開発ではソニー、コナミ、カプコン、バンダイナムコ、ミクシィ、ガンホーが並んでいます。

大会運営・配信はKADOKAWA、アカツキ、エイベックス、テレビ朝日ホールディングス。チーム運営ではイー・ガーディアン、アミューズといったところが、国内勢の上場企業です。

「ストリートファイターV」を提供しているカプコンを見てみると、米国子会社がeスポーツの世界大会を主催、2019年から国内リーグ戦を開始、2020年からオンライン上で初の世界大会を開催といったことが書かれています。

カプコンはeスポーツという成長が期待される業種であることに加え、海外展開という点でも成長性が期待されます。日本は今後、人口減少はもちろんですが、少子化の影響を受けて、特にゲームで遊ぶ世代の人口減少が顕著になるリスクがあります。

しかし、カプコンの主要ブランドの海外販売比率を見ると、「バイオハザードシリーズ」が約90%、「ストリートファイターシリーズ」が約90%、「デビル メイ クライシリーズ」が約90%、「モンスターハンターシリーズ」が約70%というように、圧倒的に海外での知名度が高いことがわかります。つまり、国内市場が将来的に縮小したとしても、海外市場での成長が期待できます。

ステップ③ IR資料から将来性を予測しよう

会社が絞り込めてきたら、IR資料に当たってみましょう。特に**将来性について考える場合は、「中期経営計画」や「経営者のコミットメント」が参考になります。**

たとえば、カプコンの場合、「デジタルシフト」がキーワードと言ってもいいかも知れません。

辻本憲三会長兼CEOは「統合報告書2020」の中のCEOコミットメントのなかで、ゲームソフトのパッケージ販売からデジタル販売にシフトするなかで、「200種類以上のゲームソフトを、国連加盟国を超える国・地域に向けて販売している」とし、「デジタルシフトの成果が明確化した今、毎期10％の利益成長を設定」したとしています。

このデジタル販売によって、これまで海外販売の主なマーケットだった米国や欧州だけでなく、アジアや南米、東欧、中東などの新興国への拡販も期待できるという点において、中長期的な成長をもたらす可能性が高いと思われます。

そして、「更なる成長のオプション」として掲げているのがeスポーツで、将来的な市場の拡大を見据えて投資を促進していくことを打ち出しています。

ちなみにeスポーツのグローバルな市場規模は、2018年の7億7640万ドルから、2023年には15億9820万ドルというように倍増するという見通しもあります。

このように、**まず大きな世界経済の流れをつかんで、そこから徐々に網を絞り込み、有望な会社を見つけて、その会社の情報をチェックして将来性を予測する**――、一見、遠回りのようですが、最初は君のアンテナにひっかからなかった、将来有望な企業を見つけるための近道になります。

総人口が増えて経済成長している国はどこか、世界が注目している海外市場はどこかなど、世界経済の大きな流れをつかもう。

現在の各業界の状況はどうなっているのか、10 年後に成長が期待できる業種や業界はどこか、これから注目されるキーワードをもとに見つけよう。

すべての上場企業の情報をやみくもに調べていたら、いつまでたっても絞り込めません。
会社情
将来性
IR
会社が絞り込めたら、IR資料から将来性を予測しよう。将来性について考える場合は、「中期経営計画」や「経営者のコミットメント」が参考になります。
中長期的に大きく成長する可能性のある業種や業界から、『会社四季報』や『会社四季報 業界地図』を参考にして、将来性のある会社を探そう。

会社四季報業界地図編集部が教える「きらっと光る会社の見つけ方」

○業界の勢力図がひとめでわかる!

『会社四季報 業界地図』は、あらゆる業界の勢力図がひとめでわかる銘柄選びの大定番として、投資家に活用されています。**「これから伸びる業界を見つけたい」「気になる会社の業界内のポジションを知りたい」「ニュースの影響を受ける企業を調べたい」と思っている投資家にお勧めの一冊です。**

主なポイントを紹介しましょう。

ポイント❶ 業界の主要プレーヤーがわかる!

カテゴリーごとに色分けされた地図を見れば、その分野の主要プレーヤーがすぐにわかります。売上高や利益の動きも矢印マークでひとめでわかります。国内外の企業が混在する入り組んだ業界でも、地図と矢印を見るだけで一気に理解が進みます。

ポイント②　企業間のつながりがわかる！

資本関係を表す赤い矢印と、業務提携・取引関係を表す青い線を見ることで、企業のつながりが視覚的にわかります。業務提携の内容や出資比率も載っているので、その企業の事業戦略や企業間の相互の影響度合いがわかります。

ポイント③　「業界天気予想」で来年の動向がわかる！

6種類の天気マークで業界の展望を表しています。直近の予測と次年度の予測の2期分が並んでいるので、その業界の足元の動きから中長期的に見込まれる今後の変化までわかります。このマークを見比べることで勢いのある業界を簡単に探せます。

○実際に『業界地図』を見てみよう！

実際に見てみましょう。高校生の君にとって身近な存在というところで、「加工食品」の業界地図（2021年版）を見ていきたいと思います。

業界天気予想は、2020年度後半も、2021年度も曇りです。理由は下に簡単に書かれています。「コロナ禍による需要増は一時的」とは、コロナ禍で外出が制限された結果、自宅で冷凍食品や即席麺などの加工食品を食べることで需要が高まったものの、それは長続きしないと見ているわけです。もう少し業界のトレンドを詳しく把握したいという時は、「四季報記者のチェックポイント」に注目します。

一番上のグラフは一世帯あたりの外食とインスタント麺類の月間支出額の推移です。新型コロナウイルスの問題で、2020年以降、外食に使ったお金が大きく落ち込む一方、インスタント麺類の支出額が増えているのがわかります。まさに巣ごもり消費です。

2つめのグラフはアイスクリーム類や氷菓子の販売金額を示したもので、2010年度以降、順調に伸びてきたことがわかります。タイトルのところには「冬アイス」と書かれているのですが、これはもともとアイスクリームや氷菓子は夏の食べ物だったのが、最近は冬でも食べてもらえるように、メーカーが新商品や広告宣伝に力を入れてきた結果、冬でも食べてもらえるようになったという流れを意味しています。

ただ、これも新型コロナウイルスの影響によって、レストランや居酒屋でアイスを食べる人が減ったため、2019年度の市場は足踏みで、2020年度は厳しい予想になることを示しています。

ページの下には「注目の会社」という欄があります。寿スピリッツは、売上高451億円の小さな会社ですが、鳥取県に本社を置き、全国の観光地に販売子会社を持つことによって、地域限定の観光土産菓子で最大手という、ちょっと変わった会社です。この会社は最近まで空港ターミナルの訪日観光客需要を取り込んで急成長したのですが、今は新型コロナウイルスの問題で訪日観光客がいなくなってしまったため、かなり厳しい状況に立たされています。ここからどうやって再び成長路線に乗せていくのかということに、投資家の注目が集まっています。

また、**加工食品という業界名の下に、「食材」「倉庫・物流」「コンビニ」「スーパー」「専門商社」というように他業界が記載されていますが、これは「業界リンク」と言って、関連業界がどこなのかを示しています。**

たとえば食材業界は製糖、製粉、製油などですが、これらの会社は砂糖や油を製造して、それを加工食品メーカーに納品します。

「コンビニ」や「スーパー」は、加工食品メーカーが製造した製品を店頭に並べてくれる重要な取引先です。コンビニではセブン&アイ・ホールディングスの傘下であるセブン-イレブン・ジャパンが業界1位ですし、スーパーではイオングループがトップ企業です。

食品加工業界とコンビニ業界、スーパー業界は非常に密接な関係があって、当然と言えば当然ですが、コンビニやスーパーが儲かっている時は、食品メーカーも儲かりやすくなります。ですから、**加工食品業界の企業に投資したいと考えているのであれば、同時に、コンビニやスーパーの状況にも簡単に目を通しておくと良いでしょう。**

このように業界地図を見ることによって、加工食品業界からそれに関連した企業へと枝葉を広げていくことができます。地道な作業ではありますが、これを続けていけば、さまざまな企業の知識が蓄積されて、投資力を鍛えることができます。

業界規模 国内 8兆0,474億円↑(加工食品のPOS〈売り上げ〉データ集計値、2019年度、インテージ〈食品SRIデータ〉)

90 加工食品

内食需要が増加。アフターコロナの嗜好変化を見極める

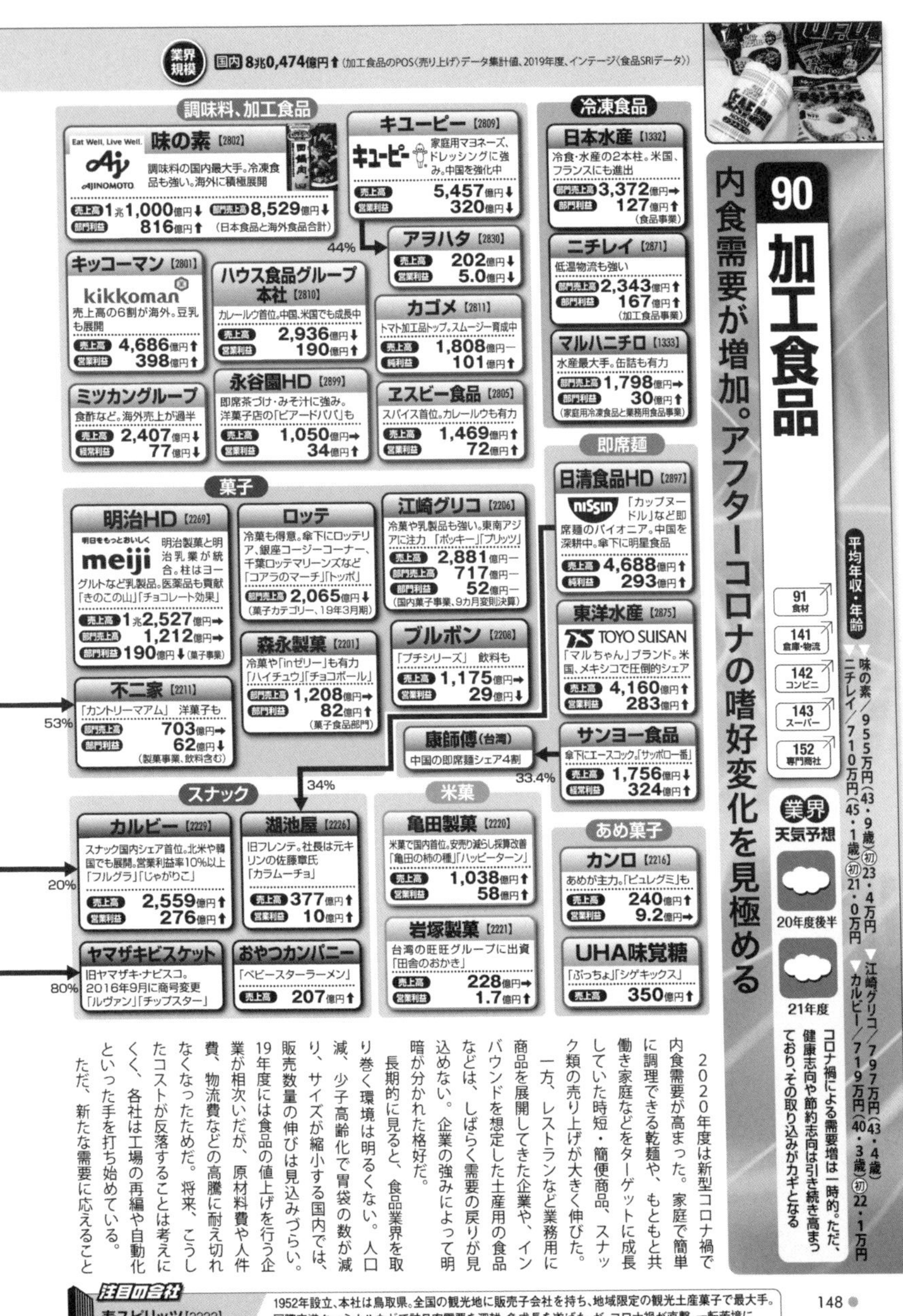

平均年収・年齢

▼味の素／955万円(43・9歳)(初)23・4万円
▼ニチレイ／710万円(45・1歳)(初)21・0万円
▼江崎グリコ／797万円(43・4歳)
▼カルビー／719万円(40・3歳)(初)22・1万円

91 食材
141 倉庫・物流
142 コンビニ
143 スーパー
152 専門商社

業界天気予想

20年度後半

21年度

コロナ禍による需要増は一時的。ただ、健康志向や節約志向は引き続き高まっており、その取り込みがカギとなる

2020年度は新型コロナ禍で内食需要が高まった。家庭で簡単に調理できる乾麺や、もともと共働き家庭などをターゲットに成長していた時短・簡便商品、スナック類の売り上げが大きく伸びた。

一方、レストランなど業務用に商品を展開してきた企業や、インバウンドを想定した土産用の食品などは、しばらく需要の戻りが見込めない。企業の強みによって明暗が分かれた格好だ。

長期的に見ると、食品業界を取り巻く環境は明るくない。人口減、少子高齢化で胃袋の数が減り、サイズが縮小する国内では、販売数量の伸びは見込みづらい。19年度には食品の値上げを行う企業が相次いだが、原材料費や人件費、物流費などの高騰に耐え切れなくなったためだ。将来、こうしたコストが反落することは考えにくく、各社は工場の再編や自動化といった手を打ち始めている。

ただ、新たな需要に応えること

注目の会社

寿スピリッツ【2222】 1952年設立、本社は鳥取県。全国の観光地に販売子会社を持ち、地域限定の観光土産菓子で最大手。国際空港ターミナルなどで訪日客需要を深耕、急成長を遂げた。が、コロナ禍が直撃、一転苦境に

148 ●

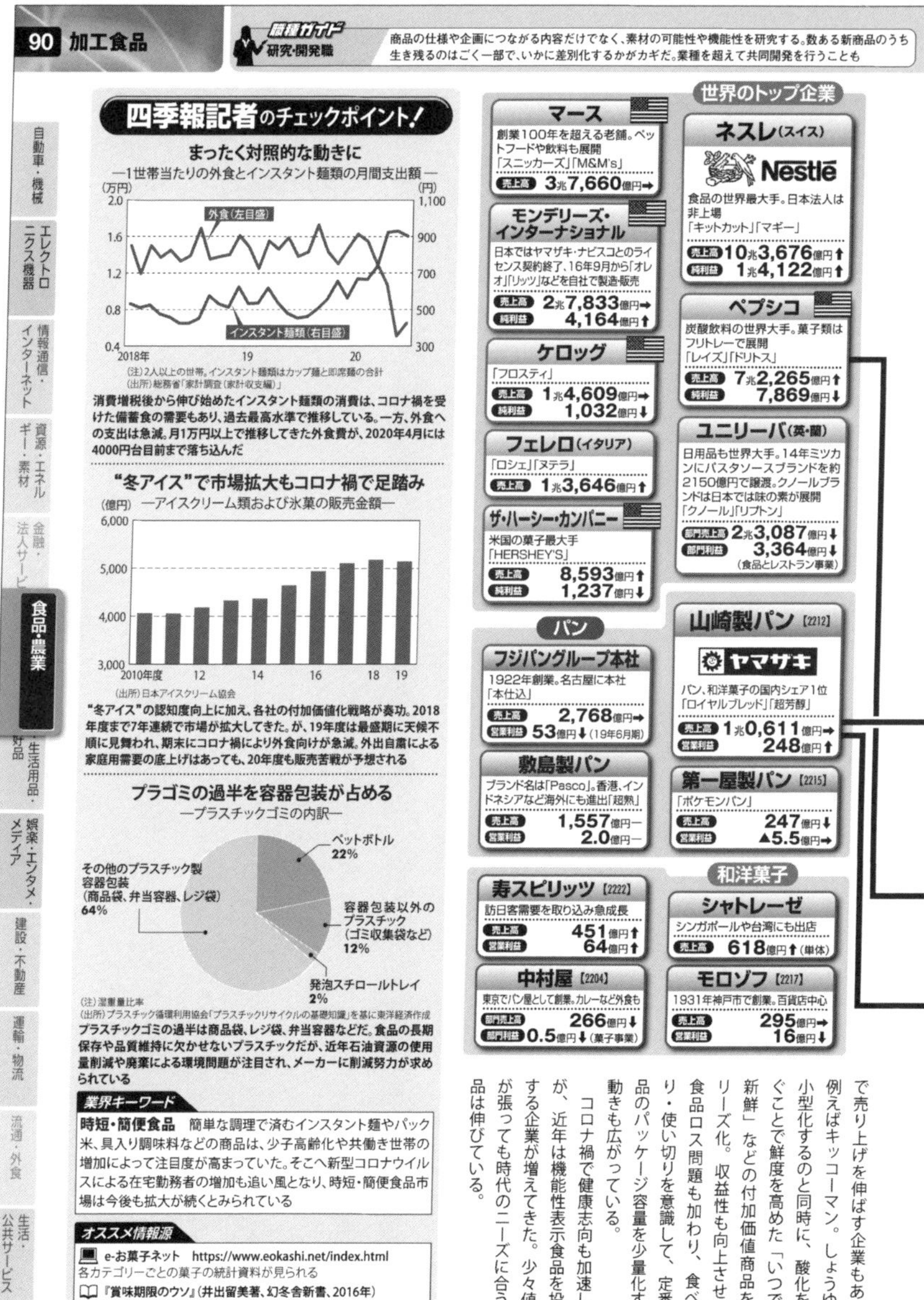

職種ガイド 研究・開発職
商品の仕様や企画につながる内容だけでなく、素材の可能性や機能性を研究する。数ある新商品のうち生き残るのはごく一部で、いかに差別化するかがカギだ。業種を超えて共同開発を行うことも

四季報記者のチェックポイント！

まったく対照的な動きに

—1世帯当たりの外食とインスタント麺類の月間支出額—

(注)2人以上の世帯。インスタント麺類はカップ麺と即席麺の合計
(出所)総務省「家計調査(家計収支編)」

消費増税後から伸び始めたインスタント麺類の消費は、コロナ禍を受けた備蓄食の需要もあり、過去最高水準で推移している。一方、外食への支出は急減。月1万円以上で推移してきた外食費が、2020年4月には4000円台目前まで落ち込んだ

"冬アイス"で市場拡大もコロナ禍で足踏み

—アイスクリーム類および氷菓の販売金額—

(出所)日本アイスクリーム協会

"冬アイス"の認知度向上に加え、各社の付加価値化戦略が奏功。2018年度まで7年連続で市場が拡大してきた。が、19年度は最盛期に天候不順に見舞われ、期末にコロナ禍により外食向けが急減。外出自粛による家庭用需要の底上げはあっても、20年度も販売苦戦が予想される

プラゴミの過半を容器包装が占める

—プラスチックゴミの内訳—

(注)湿重量比率
(出所)プラスチック循環利用協会「プラスチックリサイクルの基礎知識」を基に東洋経済作成

プラスチックゴミの過半は商品袋、レジ袋、弁当容器などだ。食品の長期保存や品質維持に欠かせないプラスチックだが、近年石油資源の使用量削減や廃棄による環境問題が注目され、メーカーに削減努力が求められている

業界キーワード

時短・簡便食品　簡単な調理で済むインスタント麺やパック米、具入り調味料などの商品は、少子高齢化や共働き世帯の増加によって注目度が高まっていた。そこへ新型コロナウイルスによる在宅勤務者の増加も追い風となり、時短・簡便食品市場は今後も拡大が続くとみられている

オススメ情報源

e-お菓子ネット　https://www.eokashi.net/index.html
各カテゴリーごとの菓子の統計資料が見られる

『賞味期限のウソ』(井出留美著、幻冬舎新書、2016年)
事業者と消費者双方の視点から、食品ロスを学べる

世界のトップ企業

マース(米国)
創業100年を超える老舗。ペットフードや飲料も展開
「スニッカーズ」「M&M's」
売上高 3兆7,660億円→

モンデリーズ・インターナショナル(米国)
日本ではヤマザキ・ナビスコとのライセンス契約終了、16年9月から「オレオ」「リッツ」などを自社で製造・販売
売上高 2兆7,833億円→
純利益 4,164億円↑

ケロッグ(米国)
「フロスティ」
売上高 1兆4,609億円→
純利益 1,032億円↓

フェレロ(イタリア)
「ロシェ」「ヌテラ」
売上高 1兆3,646億円↑

ザ・ハーシー・カンパニー(米国)
米国の菓子最大手
「HERSHEY'S」
売上高 8,593億円↑
純利益 1,237億円↓

ネスレ(スイス)

食品の世界最大手。日本法人は非上場
「キットカット」「マギー」
売上高 10兆3,676億円↑
純利益 1兆4,122億円↑

ペプシコ(米国)
炭酸飲料の世界大手。菓子類はフリトレーで展開
「レイズ」「ドリトス」
売上高 7兆2,265億円↑
純利益 7,869億円↓

ユニリーバ(英・蘭)
日用品も世界大手。14年ミツカンにパスタソースブランドを約2150億円で譲渡。クノールブランドは日本では味の素が展開
「クノール」「リプトン」
部門売上高 2兆3,087億円↓
部門利益 3,364億円↓
(食品とレストラン事業)

パン

山崎製パン【2212】

パン、和洋菓子の国内シェア1位
「ロイヤルブレッド」「超芳醇」
売上高 1兆0,611億円→
営業利益 248億円↑

フジパングループ本社
1922年創業。名古屋に本社
「本仕込」
売上高 2,768億円→
営業利益 53億円↓(19年6月期)

敷島製パン
ブランド名は「Pasco」。香港、インドネシアなど海外にも進出「超熟」
売上高 1,557億円—
営業利益 2.0億円—

第一屋製パン【2215】
「ポケモンパン」
売上高 247億円↓
営業利益 ▲5.5億円→

和洋菓子

寿スピリッツ【2222】
訪日客需要を取り込み急成長
売上高 451億円↑
営業利益 64億円↑

中村屋【2204】
東京でパン屋として創業。カレーなど外食も
部門売上高 266億円↓
部門利益 0.5億円↓(菓子事業)

シャトレーゼ
シンガポールや台湾にも出店
売上高 618億円↑(単体)

モロゾフ【2217】
1931年神戸市で創業。百貨店中心
売上高 295億円→
営業利益 16億円↓

で売り上げを伸ばす企業もある。例えばキッコーマン。しょうゆを小型化するのと同時に、酸化を防ぐことで鮮度を高めた「いつでも新鮮」などの付加価値商品をシリーズ化。収益性も向上させた。食品ロス問題も加わり、食べ切り・使い切りを意識して、定番商品のパッケージ容量を少量化する動きも広がっている。

コロナ禍で健康志向も加速したが、近年は機能性表示食品を投入する企業が増えてきた。少々値段が張っても時代のニーズに合う商品は伸びている。

注目の施設
カルビー【2229】広島新工場
創業地の広島県に既存2工場を移転・集約させた工場を新設。2024年から稼働へ。同社最大規模の10万㎡の敷地にDXなど先端テクノロジーも詰め込み、最新鋭マザー工場化を目指す

○企業の深掘りにも役立つ！

企業の事業構造について深掘りする際にも、業界地図は役に立ちます。たとえば大塚ホールディングスを例に挙げてみましょう。この会社名を聞いて何を連想しますか。ポカリスエット、カロリーメイト、オロナミンCといった製品を連想する人が多いと思います。

では、大塚ホールディングスの事業で最も大きいのは何でしょうか。**企業索引を用いて、大塚ホールディングスを探してみてください。すると、「飲料・乳業」「医薬品」「化粧品」の3つに大塚ホールディングスの社名を見つけることができます。**

「飲料・乳業」では大塚食品という子会社の売上が354億円で、医薬品は9242億円ですから、圧倒的に医薬品が大塚ホールディングスの中核ビジネスであることがわかります。ちなみに化粧品については、非常に規模が小さいこともあるので、『業界地図』では社名と製品名を記すだけに止まっています。

ということは、**もし大塚ホールディングスに投資してみたいと考えているのであれば、一番売上規模の大きな医薬品業界について知る必要があります。**

医薬品業界の景況感については、業界天気予想を見れば一目瞭然です。曇りから雨ですから、状況はあまり良くありません。理由は下の説明文にもあるように「薬価改定」があるからです。

薬価改定という聞きなれない言葉が出てきたら、それを自分で調べてみましょう。これは高齢化によって医療費負担がどんどん重くなっているため、国としては薬の値段を下げて医療費を抑えたいと考えているのです。そのために行われる薬価改定で薬品の値段が引き下げられる方向にあるため、医薬品業界としては今後も利益幅が縮小傾向にあり、景況感は厳しいということになるのです。

医薬品業界はどうやって利益を挙げているのかということは、「もうけの仕組み」という欄を読めばわかります。創薬による部分が大きいわけですが、その成功率はたった2万〜3万分の1に過ぎず、新薬を開発するまでには10年以上の時間と1000億円もの開発費が必要であり、それでも実際に発売されてから、その薬が売れるかどうかもわからないというリスクの高いビジネスであることがわかります。

このように、**『業界地図』を開けば、ひとつの企業からさまざまな関連業界に枝葉を広げて会社の知識を増やすこともできますし、特定業界について知識を深掘りしていくこともできます。**

こうして得た知識は、いずれ君が社会に出る時、必ず役に立つはずです。図解でわかりやすく表現されているので、図鑑を見るようなイメージで、まずは手に取ってみてください。

時間目

シナリオをもとに売買する！

LESSON

5-1 投資シナリオを描こう

株式投資で大事なことは、その会社に投資する「理由」です。 君は友だちに、その会社の株式を購入する理由を説明できますか？「ある人に勧められたから」というのでは駄目です。

その会社に投資する明確な投資シナリオを描ける時だけ、株式を購入することが大事です。

なぜ投資シナリオが大事なのか、ケースをもとに説明しましょう。

シナリオを描かないAさんのケース

株価は値上がりするだけでなく、値下がりすることもあります。

値上がりしている時は幸せな気分になるかも知れませんが、逆に値下がりが続くと、徐々に気持ちが塞ぎがりぎみになります。目の前で評価損が膨らんでいくのですから、それは当然です。

Aさんは、友だちのBさんから勧められたX社の株式を1000円で購入しました。ところが、X社の株価は購入早々に800円に値下がりしました。Aさんは、動揺しました。

その翌日には、600円に値下がりしました。持ち続けるべきか、売るべきか、Aさんの動揺はとまりません。Aさんは、損切りすることを決めました。売値は500円です。

ところが、X社の株価は、500円を底値に上昇して、1週間後には1500円の高値を付けました。Aさんは、悔しくてたまりません。

人間は逆境が続くと物事を悪いほうに考えてしまいがちです。1000円で買った株式が500円まで下がると、その先も400円、300円と下がっていくのではないかと考えてしまうものです。そのため、持っている株式を全部投げ売りしてしまうのです。

そして、実際に株価が500円で底を打ち、値上がりに転じると、非常に悔しい思いをします。

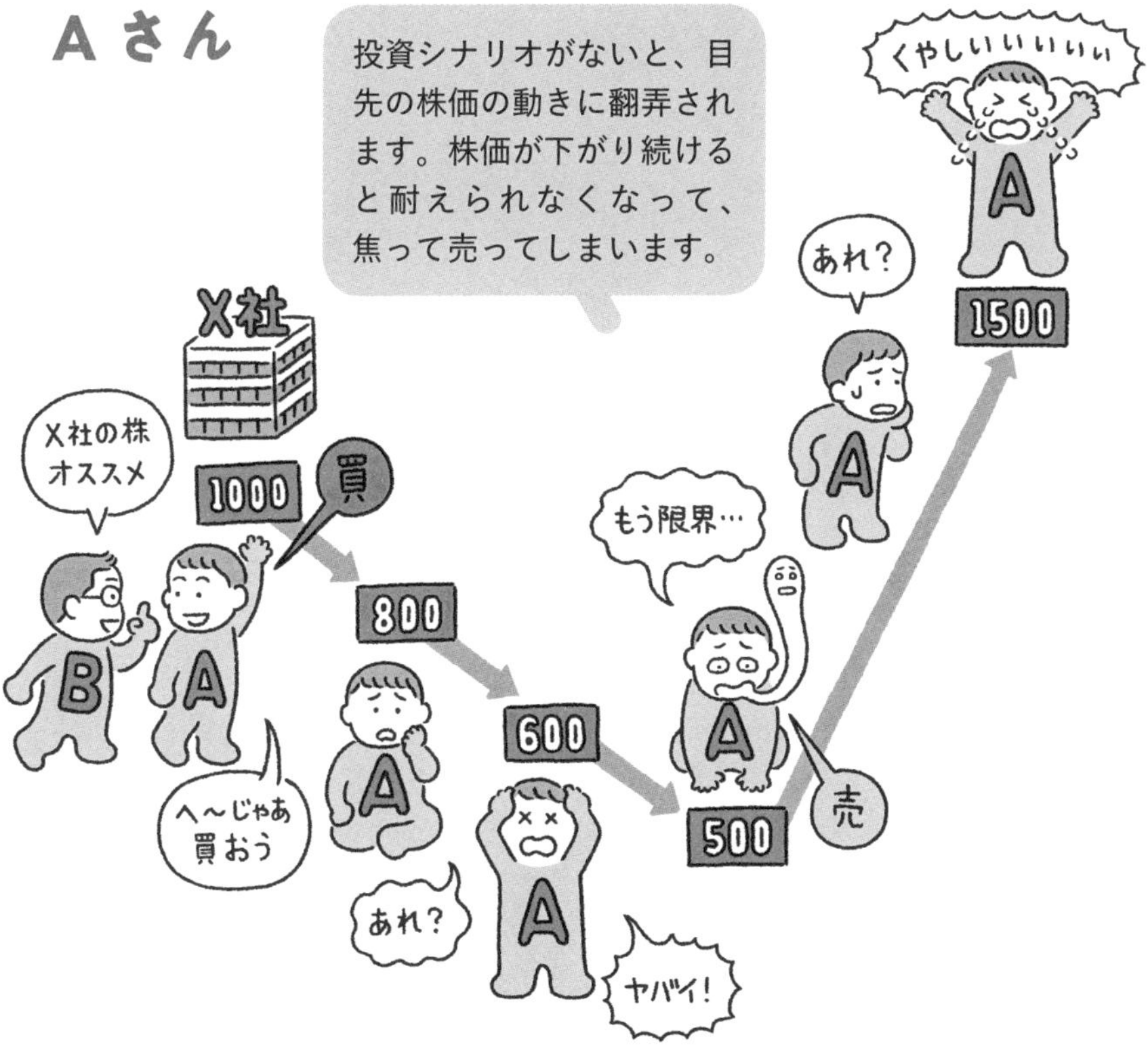

Aさん

投資シナリオがないと、目先の株価の動きに翻弄されます。株価が下がり続けると耐えられなくなって、焦って売ってしまいます。

X社
X社の株 オススメ
1000
買
へ～じゃあ 買おう
800
あれ？
600
ヤバイ！
もう限界…
500
売
あれ？
1500
くやしいいいいいぃ

シナリオを描く
Bさんのケース

AさんにX社の株式購入を勧めたBさんも、X社の株式を1000円で購入していました。しかも、株価が500円に下がった時に買い増ししていたのです。いまは、1500円の株価をつけて、ニコニコしています。

なぜ、Bさんは、株価が半分になった時に、買い増すことができたのでしょうか。

X社の株価がそういう動きをすることが事前にわかっていれば、500円まで値下がりしたとしても、平気で持ち続けられます。それどころか、500円まで値下がりしたところで、さらに買い増す

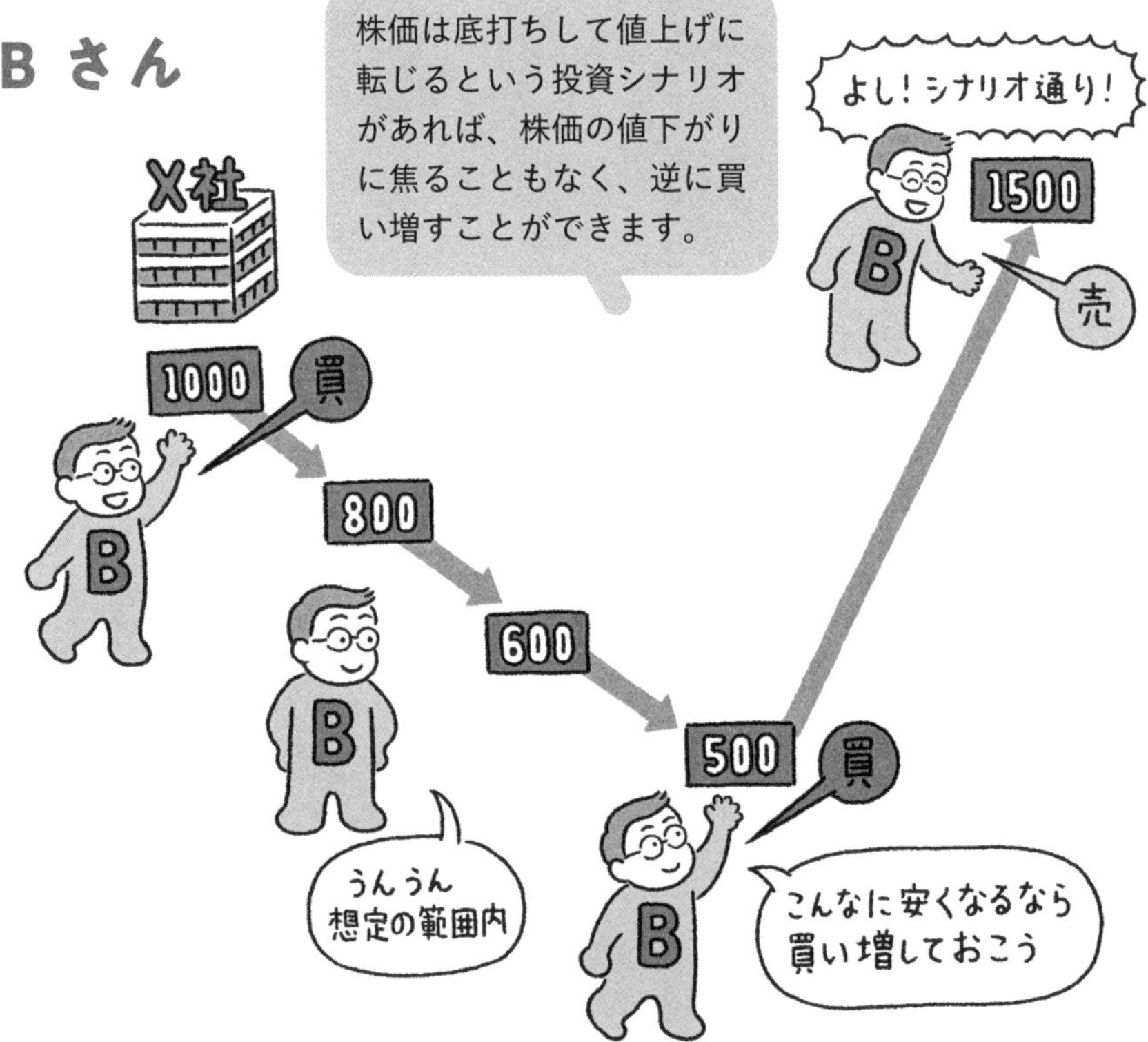

Bさん
株価は底打ちして値上げに転じるという投資シナリオがあれば、株価の値下がりに焦ることもなく、逆に買い増すことができます。
よし！シナリオ通り！
X社
1000
買
800
600
500
買
1500
売
うんうん想定の範囲内
こんなに安くなるなら買い増しておこう

こともできます。

でも、実際のところ、Bさんにも、これからの株価がどうなるかはわかりません。それでも、Bさんが、X社の株価が下がっても、投げ売りしなかったのは、損切りする勇気がなかったからではありません。**もうすぐ底打ちして、値上げに転じると信じることができたのは、しっかりした投資シナリオを描いていたからです。**

だから、600円、550円というように株価が下落していく局面でも、十分に持ちこたえることができたのです。むしろ、そこまで下がるのは、いくら何でも売られ過ぎだろうという判断のもと、さらに投資して持ち株数を増やすことができたのです。

感情よりもシナリオを優先するBさんのすごさ！

その後、X社の株価は1600円に上昇し、2000円を超えそうな勢いです。ここで問題になるのが、どこで売って利益を確定させるかということです。

値下がりのケースと逆で、株価が上がり続けると、まだまだ上がるという感情が強くなります。でも、株価は上がり続けることはありません。どこかの水準で必ず売りが出て、値下がりします。

たとえば、1300円まで下がったとしましょう。ここで売れば、300円の利益確定ですが、人間は面白いもので、600円の利益確定ができなかったという悔しい感情が生まれます。すると、持ち続けるのです。

マーケットでは時々、リーマンショックのような、とてつもない下げ相場があります。したがって株価が描いたシナリオ以上に値上がりしていると思ったら、いったん売却して利益を確定させる必要があります。

賢いBさんは、感情よりもシナリオを優先して、1500円で売却して利益確定していました。

株価の上昇局面で持ち続けるか、利益確定するか。株価の下落局面で持ち続けるか、損切りするか。それらの判断を下すためにも、投資シナリオを描くことが大事になるのです。

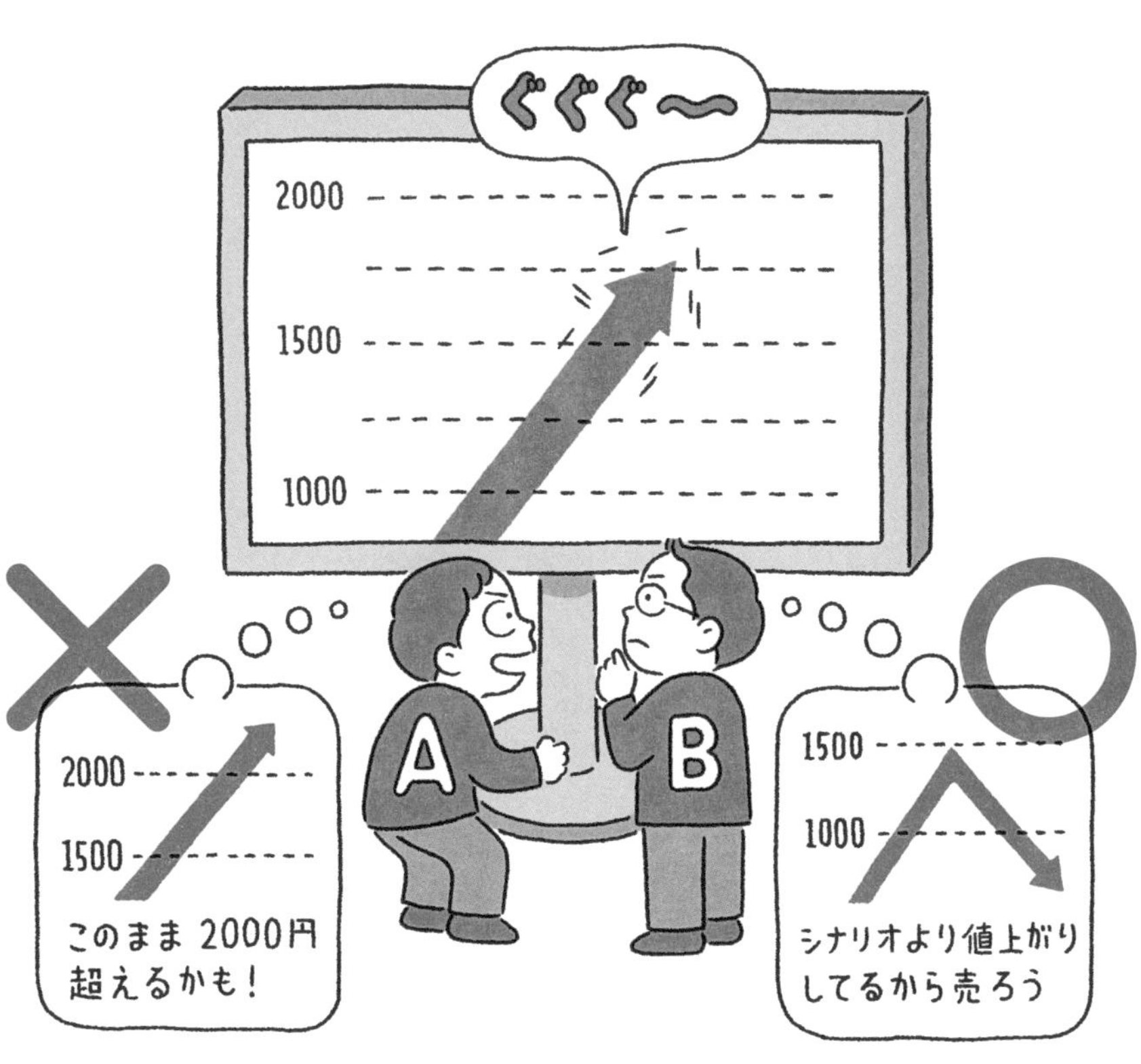

投資シナリオの描き方

投資シナリオを描くには、まず検討している会社の株価に対して、さまざまな情報をもとに、将来の株価の上限と下限を予測します。

大きなくくりで言うと、**日本経済、業界、個別企業という3つの成長期待の掛け算で考えます。**

現在、日本経済の成長力は人口減少の影響で期待できません。そうなると会社を選ぶ要素のひとつとして、海外売上比率が高いかどうかがポイントになります。

成長業界に属しているかどうかも大事ですが、それ以上に大事なのは、その会社が成長するための施策を講じているかどうかということです。5G関連やeスポーツ関連など、将来の成長が期待される業界であったとしても、会社の経営が成長に背を向けているようだと、業績や株価の伸びは期待できません。

そして、バリュー面に目を向けて、その会社の本質的な価値に対して、現在の株価が割安なのか、割高なのかを確認します。そのための指標として、PER、PBR、ROEを活用しましょう。

そのうえで、自己資本比率が高いかどうか、利益剰余金や現金同等物をたくさん持っているかどうか、などをチェックします。

その会社の株価が割安にしか評価されていない会社の株式は、値上がりする期待値が高くなります。

逆に、割高に評価されていれば、値下がりするリスクが高くなります。

そして、その会社の将来性に関して疑問点が残る時には、IR担当者に問い合わせましょう。

もちろん、あくまでも一例ですが、このようなステップを踏んだうえで、将来の株価の上限と下限を予測します。たとえば、現在1000円の株価が3年後に、上限で2000円、下限で500円になるだろうと予測します。

ここで大事なことは、株価が2倍になってほしいとか、なんとなく半分以下にはならないだろうと、感覚で決めないということです。理由が具体的に説明できることが大事なのです。

ケース

任天堂の投資シナリオ

2021年4月30日現在の任天堂の株価は6万2690円です。

この銘柄は100株単位での取引になるため、最低投資金額は620万円を超えます。高校生の君にとっては、手を出しにくい銘柄ですが、ネット証券会社の中には1株単位で売買できるところもあるので、約6万円で投資することができます。

さて、中長期的な投資シナリオを考えて任天堂の株式を買うべきかを検討してみましょう。

任天堂の株価が過去最高値を付けたのは2007年11月の7万3

200円でした。その後、2008年のリーマンショックを受けて株価は大幅に調整し、2012年7月につけた直近の最安値は8060円です。

リーマンショックは「100年に一度」と言われたほど大きな金融ショックだったので、急落は仕方がないのですが、それでもこのように大きく下げるリスクがマーケットにはあることを忘れてはなりません。

まず業績ですが、任天堂の2021年3月期決算は過去最高益の見通しです。ということは、少なくとも2007年11月につけた過去最高値を抜いてもおかしくありません。

問題は、過去の最高値を更新した後です。さらに値上がりするのか、高値更新した達成感から売られるのか、ということです。さらに値上がりするかどうかは、今進められている収益源の多様化が成功するかがカギになります。

任天堂の売上は、ゲーム機ハードおよびソフトが大半を占めていますが、2021年3月からユニバーサル・スタジオ・ジャパンで「スーパー・ニンテンドー・ワールド」という新エリアが開業して、「ディズニー化」への動きは徐々に現実化しはじめています。

また地域別売上高を見ると、絶対的な金額では北米が最も大きく、次いで欧州になっていますが、最近では、今後の成長が期待できる新興国の伸びが目立ちはじめています。

このように業績の見通しや、成長のための施策など、さまざまな情報を検討して、投資シナリオを描いて、うまくいった場合の株価は10万円、うまくいかなかった場合の株価は3万2000円などと将来の株価の予想を立てます。

そして、うまくいく期待値が1を超えるなら買い、超えないなら見送りの判断をします。

株式を購入したら、Bさんのように、目先の株価の動きではなく、描いた投資シナリオをもとに売買しましょう。目先の株価が下がり続けても、シナリオ通りなら持ち続け、目先の株価が上がり続けても、シナリオ通りの動きをしなければ売却するのです。

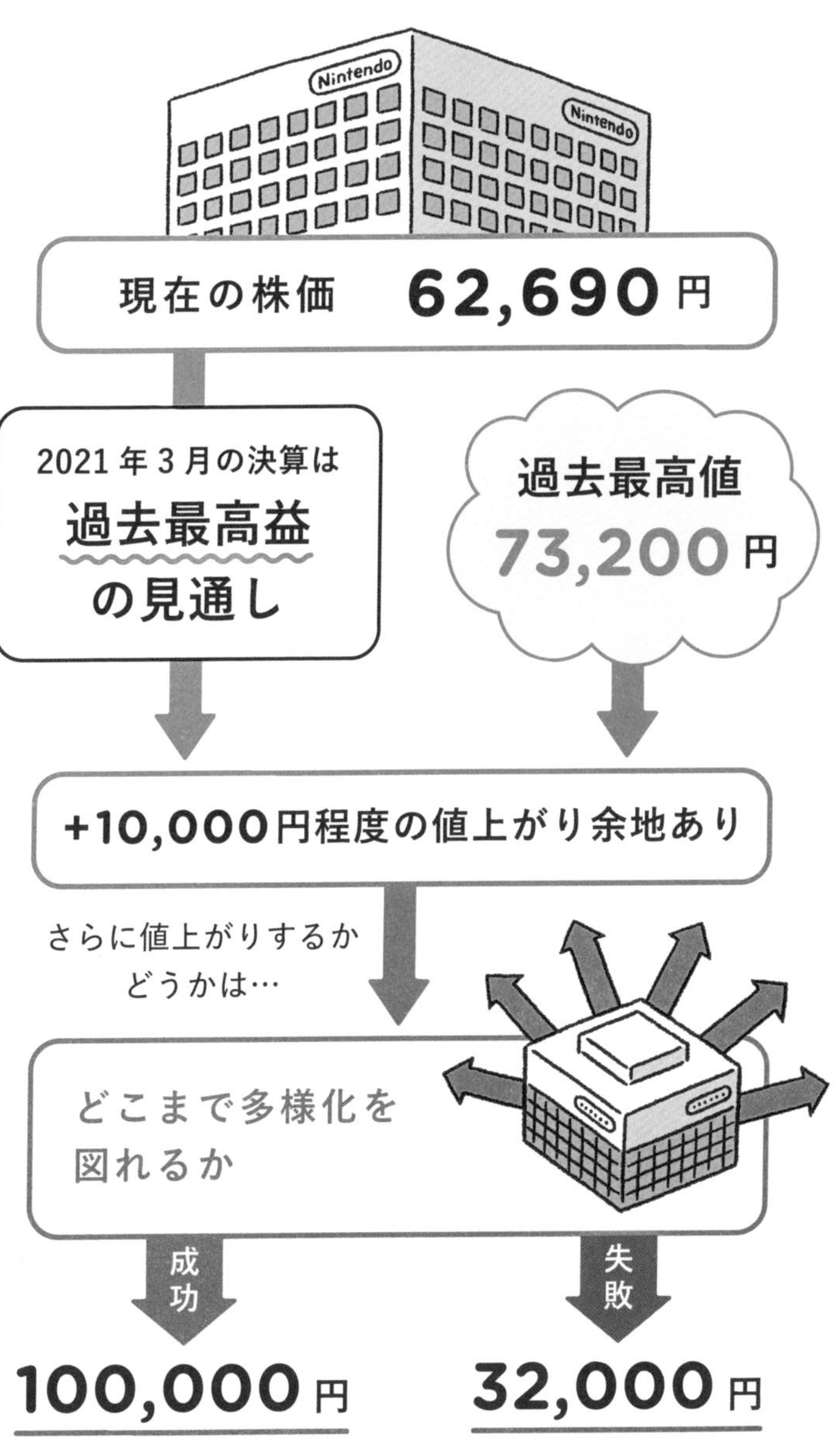
Nintendo
Nintendo
現在の株価 62,690円
2021年3月の決算は
過去最高益
の見通し
過去最高値
73,200円
+10,000円程度の値上がり余地あり
さらに値上がりするか
どうかは…
どこまで多様化を
図れるか
成功
失敗
100,000円
32,000円

LESSON 5-2 株式投資も「ディフェンス力」が武器になる

バフェットのような投資の神様でさえ、手痛い失敗を経験しています。誰もが、勝ったり、負けたりを繰り返しながら、徐々に資産を増やしていくのです。

だから、**攻める力だけでなく、大切な資産を守るディフェンス力も必要になります。**

ディフェンス力①
儲けても調子に乗らない

まず大事なのは、「投資にリスクはつきもの」と考えることです。これがリスク管理の基本です。

バブル経済、ITバブル、アベノミクス相場など、株価の上昇が続くと、多くの個人投資家が株式投資で結構な利益を得ます。そして皆、こう思うのです。

「自分には株式投資の才能があるのかも知れない」

しかし、どんな上昇相場もどこかで終わりを告げます。そうなったら、今度は逆に、下落相場がしばらく続きます。

下落相場になってもなかなか売却できずに、それまでの利益をすべて吐き出すだけでなく、最後には損失を被ってしまうケースもあります。二度と株式市場に戻って来られなくなった投資家も、実際にいます。

君もきっと経験すると思いますが、**投資の失敗は、成功が続いて調子に乗った時に突然、訪れます。**

だから、どれだけ株式投資で儲かったとしても、調子に乗っては

いけないのです。

株式市場で、無傷でいられる投資家は一人もいません。長く投資を続けていくなかでは、必ず損失を被ります。かといって、必要以上に怖がることもありません。なぜなら、投資のリスクはコントロールができるからです。

ディフェンス力❷ 適正な投資金額を決める

投資用に貯めたお金が100万円あるとします。この資金からどの程度まで株式に投資してもいいでしょうか。投資した株価が半値まで下がるという前提で考えてみましょう。

ケース1 全資金の40%

40万円を株式に投資したとしたら、どうでしょう。

株式の評価額が20万円に目減りしても、預金が60万円ありますので、悔しい気持ちはあると思いますが、投資シナリオに自信があれば、持ち続けたり、買い増して、再び株価が元の水準に戻ることを待つことも考えられます。

ケース2 全資金の100%

では、全額の100万円を株式に投資したら、どうでしょう。

株価が半値になれば50万円です。売却すれば、手元に50万円の現金が戻りますが、50万円の損失を確定させることになります。

全額を投資して、それが半分になるほどの損失を被ったら、気持ちはどうなるでしょうか。投資シナリオに自信があった時に、ケース1と同じように持ち続けることができるでしょうか?

余裕資金がない時の問題は、投資シナリオは間違っていないのに、株価が戻るのを待つことができなくなる恐れがあることです。

君が自信をもって買った株式が値下がりした時に、そのことが気がかりで勉強が手につかない、夜も寝られないなら、明らかにリスクを取り過ぎています。

大事なことは、損失を被っても冷静に対処できる適正な投資資金を決めて、投資用の貯金の一部で投資することです。

ディフェンス力

2

ディフェンス力③
信用取引に手を出さない

株式の取引には「現物取引」と「信用取引」があります。

現物取引は、あくまでも自分が持っている現金の範囲内で投資する取引です。

これに対して**信用取引は、一定の担保を入れることで、証券金融会社からお金を借りて株式を買う取引です。しかも、担保の3倍まで株式を買うことができます。**

手持ちのお金が10万円だとしましょう。現物取引の場合、1株＝1000円の株式なら100株までしか買うことができません。でも信用取引なら、10万円を担保に預ければ30万円分の株式に投資できるので、300株まで投資できます。

購入する株数が増えれば、利益も大きくなります。たとえば1000円の株価が1500円になった時、現物取引で100株投資した人の利益は5万円ですが、信用

値上がりしますように
値上がりしますように
値上がりしますように
値上がりしますように
ディフェンス力
3

取引で300株投資した人の利益は15万円になります。

確かに株価が値上がりすれば問題ないのですが、逆に値下がりしたらどうなるでしょうか。

もし株価が500円に下がったら、損失額は15万円です。つまり、担保の10万円を超える損失が生じてしまいます。現実には、担保を超える損失額に達する前に強制的に売らされ、損失が確定させられます。

株式投資に失敗して二度と戻って来なくなる人の大半は、この信用取引で大損を被ったケースが少なくありません。そのくらい、信用取引はリスクの高い取引なのです。初心者が信用取引に手を出すことは止めましょう。

ディフェンス力④ シナリオが間違っていたら素早く損切り

株式投資で資産を増やす人は、負け方も上手いです。

株価の値動きを示すチャートを見るとよくわかりますが、たいがいどの銘柄も、上昇する時は緩やかなのに対して、下落は急になります。急な下げに巻き込まれると、それまでコツコツと積み上げてきた利益が、あっという間に消えてしまいます。

上手い負け方とは、こうした急激な下げ相場にできるだけ巻き込まれないことです。そのためには、**自分のシナリオが間違っていたと判断したら、素早く損切りをすることが大切です。**

損切りとは損することを覚悟のうえで株式を売却することです。そこからもう一段、株価が下げたとしても、それ以上損失が膨らむことはありません。

とはいえ、損切りに抵抗を持つ人も少なくありません。なぜなら、ひょっとしたら株価の下げが止まり、上昇に転じる可能性もあると思いたいからです。

もちろん投資シナリオに自信があれば、待つことも、買い増すことも考えられます。でも、全く何の根拠もない期待に過ぎないのなら、期待が外れて、さらに株価が下がり、損失額が膨らむ一方になります。

だからこそ、投資シナリオが大事になるのです。シナリオが間違っていると判断した時には、即座に売って、損失額がそれ以上、大きくならないようにすることが肝心なのです。

損切りした後で株価が元に戻ったら、非常に悔しい思いをしますが、「株式投資とはそういうものなのだ」と納得しましょう。

相場は逃げません。今日は失敗したとしても、また明日、チャレンジすればいいのです。

ディフェンス力

4

損切りできましたか？

損切りをしないとダメだとわかっていたけど、もしかしたら明日、株価が上がるかもしれないとずるずる引きずってしまい、株価が底の時に売ってしまった。

矢能陸央さん

損切りをした後で株価がかなり上がった銘柄が多く、後悔ばかりしていました。

あずさん

LESSON 5-3

上がり始めたら買え、下がり始めたら売れ

下げ相場の買いは大けがのもと

株式を買う時、誰もが思うのは、少しでも安い株価で買いたいということです。

でも、安値で買うというのは、本当に難しい。なぜなら、誰にも今の株価が底値かどうか、わからないからです。

売買のタイミングについて、心に留めておくべき大事な言葉があります。

「上がり始めたら買え、下がり始めたら売れ」

本当なら下げている最中に買いたいところですが、**「落ちてくるナイフを掴むな」**という格言もあります。これはつまり、株価が下げている最中に買うことの難しさを表現しています。

落ちてくるナイフを掴もうとすると、手のひらを切ってしまいます。どこで下げ止まるかもわからないのに、下げ相場の最中にある株式を買おうとするのは、大けがのもとということです。

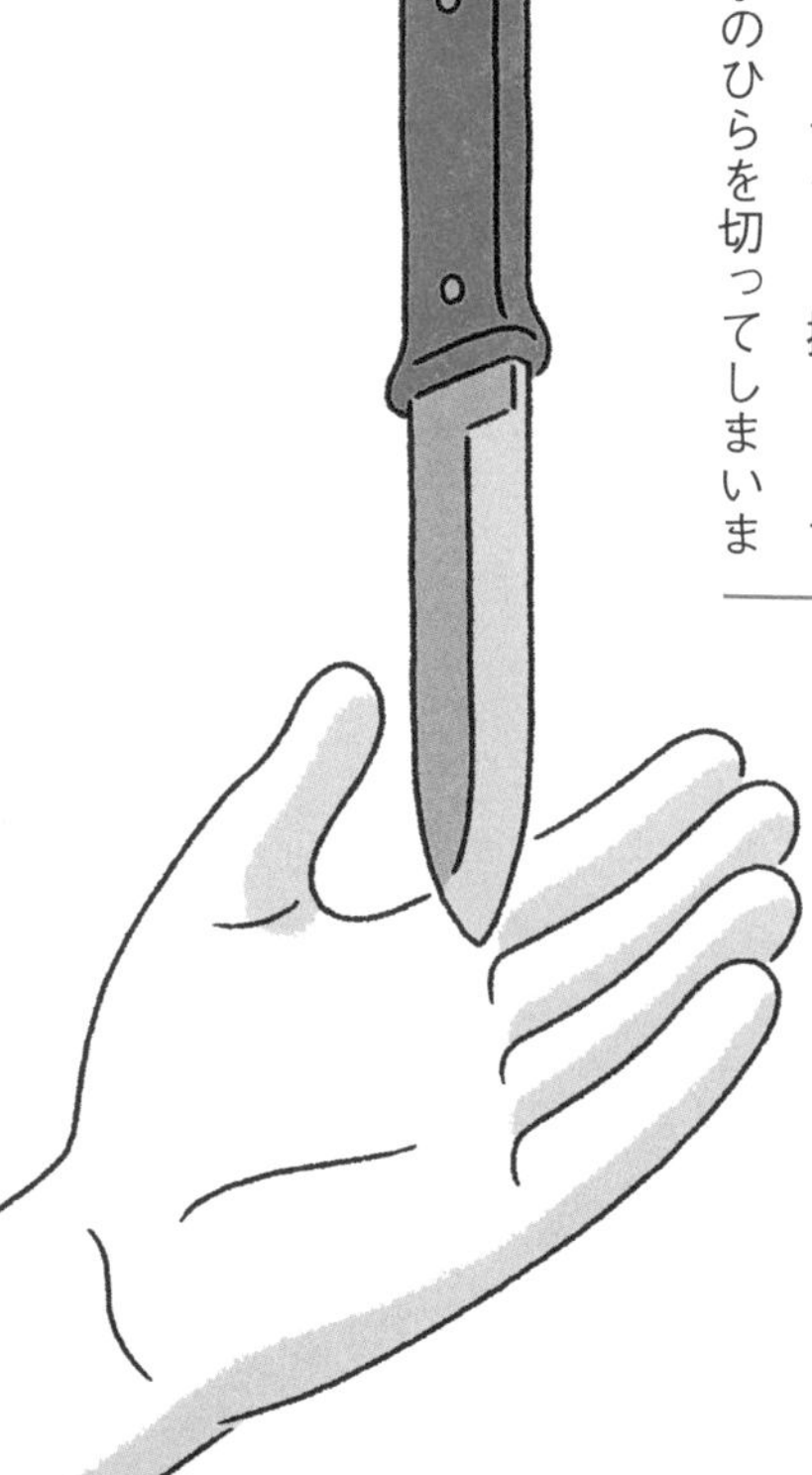

値ごろ感ではなく割安感で買おう

株価の下げが続いていても、必ずどこかで下げ止まります。もちろん、下げ止まったからといってすぐに飛びつくのも禁物です。下げ止まったと見せておいて、再び下げるケースがあるからです。

なので、**下げ止まってから徐々に株価が上昇していることを確認してから買うのがセオリーです。**

また、チャートを見て、「さすがにこれだけ下げたのだから買いだろう」と、「値ごろ感」で買うことも危険です。

その株式が過剰なまでに割高に評価されていたとしたら、それこそ半分にまで下がったとしても、さらにそこから下がる恐れだって否定できません。

値ごろ感ではなく、あくまでもその会社が持っている価値に対して、株価が割安かどうかという点で判断しましょう。

たとえば、1株700円の価値はあると思える株式が大きく売り込まれて400円まで値下がりしていたら、明らかに買いです。

リーマンショックではありませんが、世界的な金融不安などによって、世界中の株式市場が連鎖的に暴落することがあります。

そのような下げ局面では、その会社の本来的な価値に比べて、株価がものすごく割安な水準まで売り込まれます。このような時は、まさに絶好の買い場です。

値ごろ感で買うのは危険です。本来的な価値よりも割高なら、さらに価格が下がるかもしれません。

どう見ても本来的な価値に比べてものすごく割安な価格に下がっている時は、明らかに買いです。

なんとなく
安そう…
400円
メロンなら
買いだ！
400円

十分に目標を達成したと判断したら売り

売りには、「利益確定の売り」と「損切りの売り」があります。利益確定の売りの判断には、2つの基準があります。

1つめは、投資シナリオ通りに目標株価を達成した時です。

たとえば、「将来2000円まで値上がりする」というシナリオを描いていたのなら、実際に株価が2000円になった時点で利益確定の売りを検討しましょう。

あるいは、「利益が20%を超えたら利益を確定させる」というように、投資シナリオの中で、利益目標をしっかり立てておくのも一手です。もちろんその根拠を、しっかり見極めることが肝心です。

2つめは、自分の描いたシナリオが間違っていたと判断した時の損切りです。

株価は永遠に値上がりし続けることはありません。いずれ天井をつけて下げに転じます。その下げに転じたところで、自分のシナリオを今一度、見直しましょう。

株価が下げに転じるというのは、何かがシナリオ通りでないからと考えられます。

もちろん、どう考えても自分のシナリオに狂いはないと思うのであれば、そのまま持ち続けるという判断もありですし、下げたところでさらに買い増しておくことも、選択肢のひとつに入ってきます。

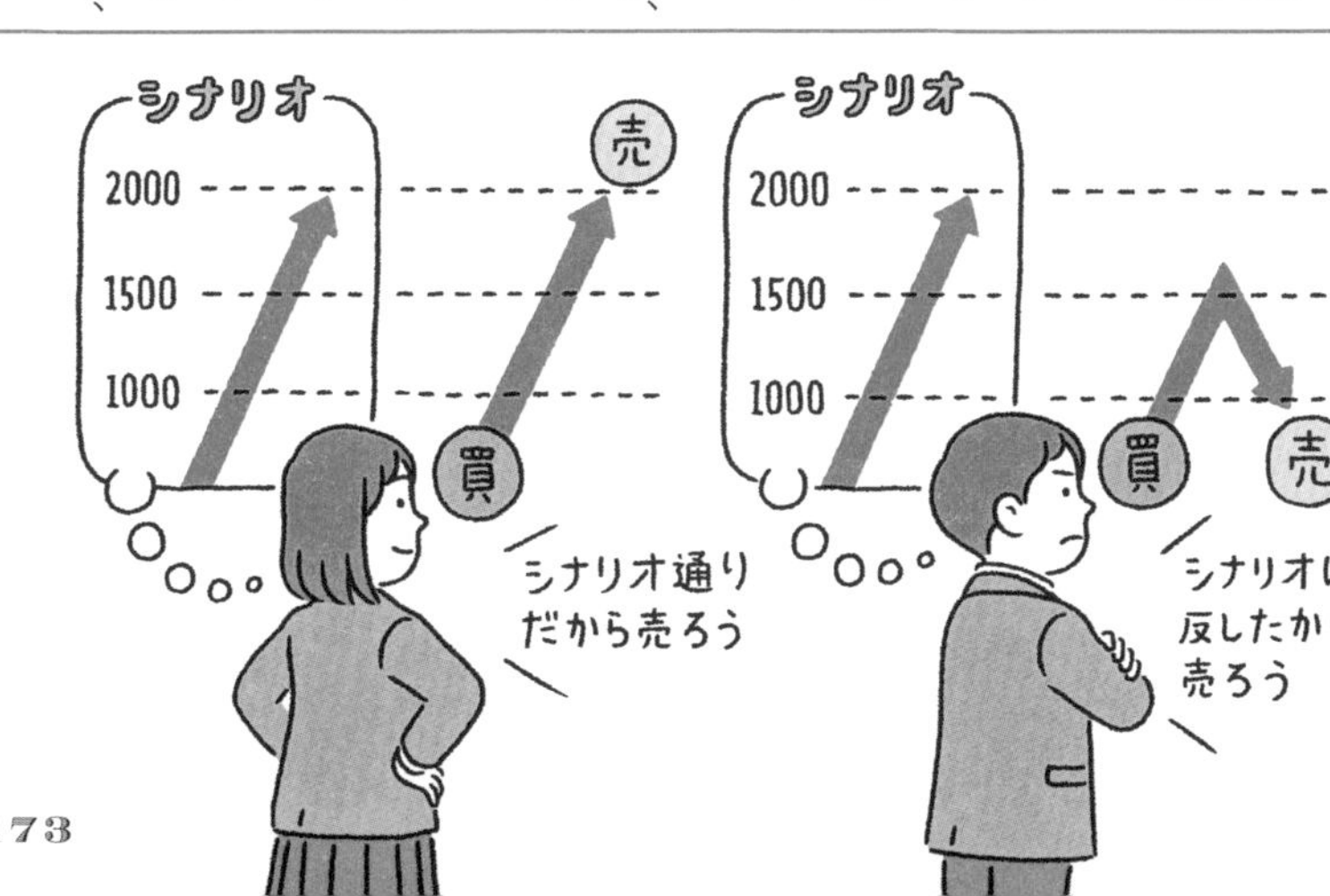

同じ失敗は繰り返さない

投資の失敗は誰もが経験することです。大富豪のウォーレン・バフェットも、何度となく投資で大失敗をしています。繰り返しになりますが、必ず勝てる投資など、この世には存在しないのです。

大事なことは、失敗した時にはその原因を把握し、なぜ失敗したのかを検証することです。そして、二度と同じ失敗を繰り返さないことです。

村上特別顧問も、大きな失敗を経験しています。中国のマイクロファイナンス事業への投資とギリシャ国債への投資です。

村上顧問の失敗談①

中国のマイクロファイナンス事業

中国のマイクロファイナンス事業への投資は、複数の投資家から資金を集め、中国で中小企業向け融資を行う銀行をつくり、成長したら株式を上場させて、投資資金を回収するという計画でした。

実際に資金が集まり、中国に銀行が設立されたのは2007年で、2013年から参加しました。その時点で計画通りに利益も計上され、融資の際に適用される金利は年25%と高く、ROEも非常に優秀でした。いずれ株式が上場されればかなりのリターンが期待できると思い、投資したのです。

しかし、その2年後、中国経済は急激に減速し、その銀行を通じて中国の中小企業に対して行われていた融資が焦げ付くようになりました。

さらに、現地の運営者がその焦げ付き比率が増加するのを隠蔽するという背信行為を行ったことに加え、その対策を講じるのが遅れたこともあり、多くの債権が回収不能になってしまったのです。

村上顧問の失敗談❷

ギリシャ国債

２０１１年９月当時、２０１２年３月に償還を迎えるギリシャ国債の価格は、額面１００％に対して、50％以下でした。額面通りに償還されれば、非常に高いリターンが期待できます。

しかも償還までの期間はわずか６か月です。ギリシャ議会で財政緊縮策が承認されたこともあり、この６か月で財政破綻するような危機的状況に追い込まれることはないだろうと考えていました。

ただ、一方でこの国債の償還まで６か月しか時間が残されておらず、この間に、償還に必要な資金を追加融資で受けることができる

のかどうか。このあたりの確率は半々と踏みました。

そして追加融資は実行されました。ところが、投資した2013年3月償還の国債については満額償還されなかったのです。

100のうち50以上が減免。つまり全く返ってきません。そして、残り50弱のうち30弱がギリシャの30年国債で、20が額面と同等の価値を持つEFSF債券で返ってきました。

この時点でキャッシュ化できたのは、このEFSF債券の20だけでした。

ギリシャ国債への投資は、期待値を算出し、自信を持って投資した結果なので、大きな損失は被ったものの、納得のいく投資でした。

なぜ失敗したのかを検証する

投資に失敗はつきものですが、だからといって失敗を失敗のままで終わらせてしまっては、何の進歩もありません。

2つの失敗の事例から、同じ失敗を繰り返さないために、どのような教訓が得られるのかを検証してみましょう。

中国の事業で失敗したのは、もちろん中国経済の急減速という想定外の要因があったのはもちろんですが、最大の敗因は投資先に対するガバナンスが不足していたことにあります。

ガバナンスとは「統治」のことです。投資家としては、投資先がしっかり運営されているかどうかを、きちっと監視して、何か問題があれば、それを是正する努力を行う必要があります。

実際に投資する案件については、資金繰りが安定しているかどうか、損益の状況はどうなっているのかなどをチェックします。

ところが、この中国の投資案件については、他の人が始めた案件に途中から乗ったこと、商習慣の違いから現地とのやりとりがスムーズでなかったことに加え、現地の状況を見ると、どうも資金繰りや損益状況の把握

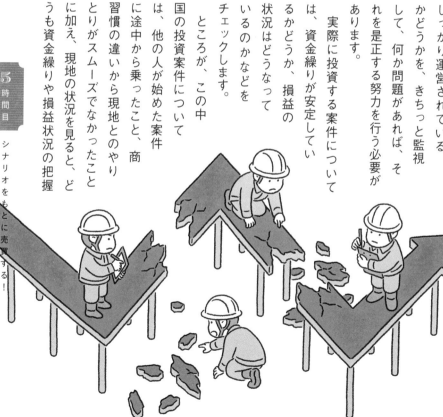

をしっかり行っていないところがあったのです。つまり、自分自身でコントロールできない部分があまりにも多かったのです。

このように投資の失敗を検証することによって、自分自身で投資先をマネジメントできるかどうかが、投資の期待値を左右するという教訓が得られます。

またギリシャ国債の失敗からは、諸外国への投資は地政学的リスクの情報が得にくいこともあるので、投資する場合は、政府に近い機関から情報を得ることができる人脈を築く必要があるという教訓が得られます。

失敗すれば金銭的な損失を被ります。でも、失敗を通じて学ぶべきことも多いのです。

自分の投資を記録しよう

高校生の君の場合、まだまだたくさんの投資経験を積めるだけの時間があります。いろいろな失敗を経験して、たくさん学ぶことは、後々の投資に役立つと思います。

ただ、人間の記憶はいい加減なもので、時間が経つと忘れます。投資の失敗は、その後の投資に役立つはずなのですが、忘れてしまったら何の足しにもなりません。

忘れないようにするためには、ノートをつけるのが一番です。

どの会社に投資したのか。

なぜその会社に投資したのか。

いくらで投資したのか。

利益は得られたのか。損したのか。

成功、失敗の原因は何か。

こうしたことをすべて記録しておくのです。

そして時々、流し読みでもいいので目を通しましょう。そうすれば既視感のようなものを養えます。後日、似たような投資案件に巡り合った時、あるいは似たようなマーケットの状況に直面した時、かつて自分が犯した失敗を思い出せれば、未然に損することを防げるかも知れません。

紙のノートに記録するか、それともデジタルメディアで管理するか、それは人それぞれですが、どんな方法でも良いので、君が行った投資をきちっと記録することを忘れないようにしましょう。

♪
NOTE
！

特別授業

藤野英人が語る「良い投資家が学ぶべきこと」

○より良い社会、より良い未来を創る

君は、投資に対してどのようなイメージを持っていますか。私はよく講演会で、「投資の目的は何ですか」と質問されることがあるのですが、君はどう考えますか。お金を増やすことが目的でしょうか。

そのような考え方もあります。しかし、**私たち投資家が投資をする目的は、より良い社会を創っていくためです。**このようなことを言うと、「それはきれい事だ」などと言われてしまいそうですが、これは本音です。

より良い社会を創るためには、より良い社会を創ってくれる会社にお金を配分する必要があります。しかし、より良い社会を創ってくれる会社にお金がどんどん配分されているかというと、現実はそうではありません。もはや今の日本では役目を終えたような会社、業種であるにもかかわらず、なぜか存続している会社がたくさんあります。

ところが、この手の会社にも融資などの形で資金が融通され続けているため、何となく生き延びているのです。この手のゾンビ企業には早々に立ち退いてもらい、これからの日本が必要とする会社に対して効率的にお金を配分していかなければ、経済は成長しません。

私たち投資家がさまざまな会社を調査しているのは、明日の日本を支えてくれる会社を見つけ、そこに資金を配分するのが目的です。そして、そうした企業に対する投資が、より良い日本を創るための礎になります。だからこそ投資の目的は、より良い社会、より良い未来を創るためであると言うことができるのです。

○お金を集めるにはどうしたらいいか

ただし、私たちがその目的を遂行するためには、とりもなおさずお金が必要です。私たちがどれだけ高邁な理想を掲げたとしても、そこにお金が集まらなければ何もできません。

では、**お金を集めるにはどうすれば良いでしょうか。それはファンドのリターンを高めて、ファンドに集まっている投資家のお金を増やすことです。**

良いリターンを挙げていることが周知されれば、自然とお金が集まってきます。こうして集まった資金を、私たちが目利きとなって、より良い社会を創ってくれる会社に投資していきます。

より良い社会を創ってくれる会社が提供している製品やサービスは、世の中の大勢の人たちが必ず必要とするものですから、皆がその製品やサービスを購入してくれます。その結果、会社の業績はどんどん良くなっていきます。業績が良くなれば株価は上昇します。したがって、より良い社会を創ってくれる会社に投資すれば、ファンドの運用成績も向上していきます。

私が今、運用している資金は、大勢の投資家が私の運用能力を信じて託してくれたものです。こうした大勢の投資家からの負託に応えるべく、**私自身に課せられた社会的責任は、これから伸びるべき会社を応援するのと同時に、そうではない企業を退出させることと認識しています。**

○人間に対する深い理解力を持とう！

君たちの中には、私のような投資家の立場で世の中を変えていきたいと思っている人もいれば、起業家になってより良い社会を創っていきたいと思っている人もいると思います。投資家は、ビジネスを見極めるという点において、多分に経営者的なセンスが求められる仕事なので、投資家や起業家になるために求められる要素はほぼ同じと考えて良いでしょう。

では、**投資家や起業家になるためには、何を学べば良いのでしょうか。一番大事なのは、人の心をよく知ることだと思います。**

起業して、自分の会社を存続・発展させていくためには、売上を立て、利益を挙げていく必要があります。その売上がどこからくるのかというと、お客様です。お客様が製品やサービスを買ってくれるから、初めて売上が立つのです。そして、その売上や利益が会社の価値を築いていきます。つまり、お客様が会社の価値の源泉になるのです。

お客様は人間ですから、日本国内、もしくは世界の人々が何を必要としていて、どのような製品・サービスを提供すれば、より多くの人々がハッピーになれるのかを理解できなければなりません。その部分に対するイマジネーションを発揮できるような訓練をしましょう。つまり、**人間に対する深い理解力を持てるような学びが、投資家や起業家には必要なのです。**

そういう学びは、なかなか学校では教えてくれないでしょう。だから、投資家や起業家を目指す君は、学校とは違うところでそれを学ぶ必要があります。学習塾でもそんなことは教えてくれません。人間観察の場として実はアルバイトが最適だったりします。人と触れ合うような仕事は得るものが多いと思います。サービス業などは一番ピッタリではないでしょうか。コンビニエンスストアでも、ファストフード店でも良いと思います。学業を疎かにするのは本末転倒ですが、アルバイトが禁止されていないなら、ぜひ活用してみてください。

○何があっても粘り強く続けよう！

それともうひとつ。これは学ぶことというよりも、投資家や起業家に必要な適性の話になるのですが、成功するために必要なのは、とにかくあきらめない根性を持つことです。よく、明るい性格のほうが良い、ポジティブな考え方の人が向いているなどと言われるのですが、私がこれまで大勢の投資家や起業家に会って話をした限りだと、成功しているのは明るい人ばかりとは限りません。暗い性格と言っていいかどうかわかりませんが、物静かで内向的な人は結構います。

ただ、**明るい人も暗い人も、投資家や起業家として成功している人に共通するのは、粘り強く続ける、何があっても戦い続けることのできる根性を持っているということです。**

松下幸之助さんをご存じでしょうか。そう、今のパナソニックの前身である松下電器産業を創業した、日本の高度経済成長を支えた伝説的な経営者の一人ですが、彼の言葉にこういうものがあります。

「成功とは成功するまでやり続けること、失敗とは成功するまでやり続けないこと」

投資家も起業家も、ある程度の成功を収めるまでには、いろいろなことがあります。

良いことばかりではありません。人生をあきらめたくなるほど厳しい場面に出くわすこともあります。ちなみに私は、２００８年のリーマンショックによって、レオス・キャピタルワークスを倒産させる寸前にまで追い込まれたことがありました。

その時は自分が手塩にかけて育ててきた会社を売却せざるを得なかったのですが、投資家であり続けることだけはあきらめませんでした。一から出直して、再びレオス・キャピタルワークスの社長に返り咲くことができたのです。

まだまだ投資家として成功したと言えるほどではありませんが、あの時、投資家であり続けることをあきらめなかったからこそ、今があると思います。

ネバーギブアップ。これから社会に出ていく君にこの言葉を贈り、私の話の締め括りにさせてもらいます。

藤野英人（ふじの・ひでと）
レオス・キャピタルワークス会長兼社長・最高投資責任者

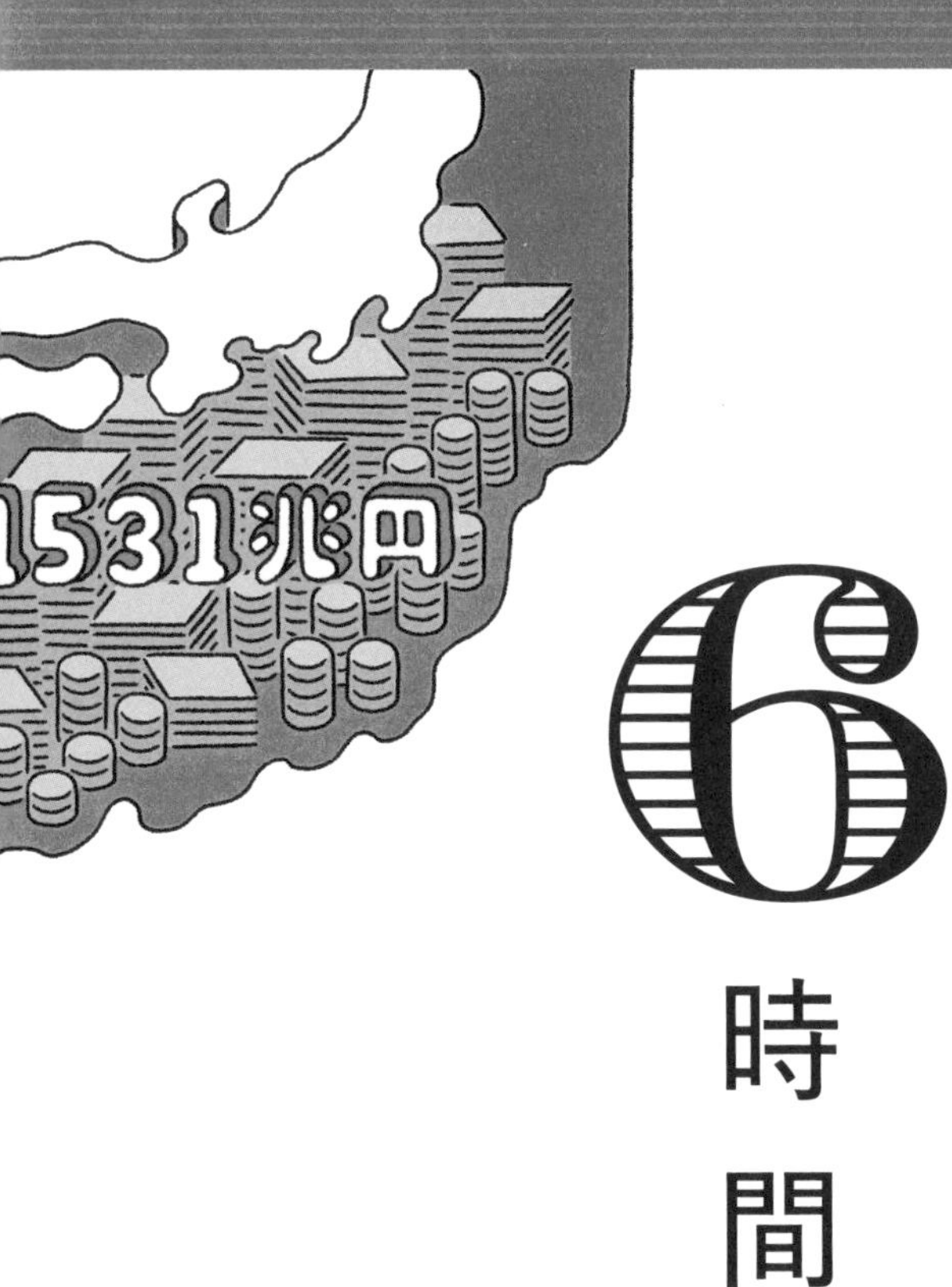

6時間目

一生お金に困らない人生を手に入れる！

LESSON 6-1

大人の常識は子どもの非常識

君は家でお金の話をしますか。

君のお父さんやお母さんが投資の経験を持ち、経済やファイナンス、税務などの知識に精通していて、よくお金の話をしているなら、ラッキーな家庭環境です。

多くの家庭では、「お金の話ばかりするな！」と怒られたり、「世の中にはお金よりも大事なものがたくさんある」などと諭されたりするのではないでしょうか。

でも、社会に出て自立した人生を送るためには、お金が必要です。**お金は私たちの生活に欠くことのできない大事な道具です。**

お祖父さん、お祖母さんの頭の中

君のお祖父さん、お祖母さんが子育てをしていた頃は、銀行の金利が今とは比べ物にならないくらい高く、銀行に10年預ければ元本が倍くらいになったものです。

仕事も、高度経済成長期には給料が年々大幅に上昇しました。たとえば、男性の平均賃金は1955年から1975年までの20年間で実に7・4倍に、女性の平均賃金は9倍になったという調査結果があります。

もちろん一方で、物価も相応に上昇しましたから、実質的には7倍、9倍も生活が豊かになったという感じはしなかったでしょう。

それでも、当時は年功序列と終身雇用が保証されていましたから、会社員である限り生活は安定していました。長期の住宅ローンを組んででも住宅を購入すれば資産価値は上がりました。

そういう時代を生きてきたのが、君のお祖父さんやお祖母さんです。お金のことを学ばなくても、十分に生きていくお金を貯めることができたのです。

お父さん、お母さんの頭の中

そんなお祖父さん、お祖母さんは、お金についてどのように、君のお父さんやお母さんに教えたでしょうか。

身を粉にして働いて稼いだお金こそが尊い、という考え方が、骨の髄にまで染み込んでしまっている世代です。しかも、バブルの時にも投資に手を出さずに堅実に生きた人ならきっと、このようなことを言ったと思います。

「株式投資など博打だ。そんなことにうつつを抜かすくらいなら、汗をかいて働け」

子は親の教えに少なからず影響を受けますから、君のお父さんやお母さんは、株式投資のことなど考えずに、まじめに働いて得たお金を銀行に預け、住宅ローンを払ってきたのでしょう。

ところが、**君たちのお父さんやお母さんが働いてきた平成という時代は、バブルが崩壊して「失われた30年」と呼ばれる時代です。**

勉強して、大学を卒業して、大企業に就職すれば、お金に苦労することはないはずだったのに、その結果は、大企業でさえ倒産し、給与は上がらないどころか、リストラの不安もぬぐえません。

定期預金の金利もほぼゼロというほど低いままです。不動産も値下がり続けています。老後2000万円問題という、退職後のお金の不安も高まっています。

これからの日本は、「お金＝悪」「お金＝汚いもの」という考え方の連鎖を断ち切らなければなりません。そして、お金を稼ぐ手段のなかに、投資という考え方が必要になります。

なぜなら、これから君が歩んでいく世の中は、否が応にもお金や投資に対する意識を高めざるを得ない状況にあるからです。

君が60歳になる頃、日本の人口は９０００万人を割る

なぜ、高校生の君たちが、お金や投資に対する意識を高める必要があるのでしょうか。

その理由の1つが、日本の人口が減っていることです。２０２１年４月現在の総人口は１億２５４１万人ですが、前年同月比で52万人の減少となりました。

２０１１年は１億２７８３万人でしたから、この10年間で２４２万人も減ったことになります。

国立社会保障・人口問題研究所が行っている調査によると、日本の将来推計人口は、２０２９年には１億２０００万人を割り込んで１億１９８５万人になると推計されています。

その先はどうなるでしょうか。２０４２年には１億１０００万人を割って１億９１３万人。２０５３年には１億人を割って９９２４万人。２０６３年には９０００万人を割って８９９９万人です。

数字を追うとわかりますが、かなりのハイペースで人口が減っていきます。

２０６３年なんて想像もつかないという人もいると思いますが、42年後です。君の年齢が16歳から18歳だとしたら、42年後の年齢は58歳から60歳です。

恐らくその頃には定年が70歳まで延びていると思いますが、そろそろリタイアして年金生活を送り

日本の将来推計人口

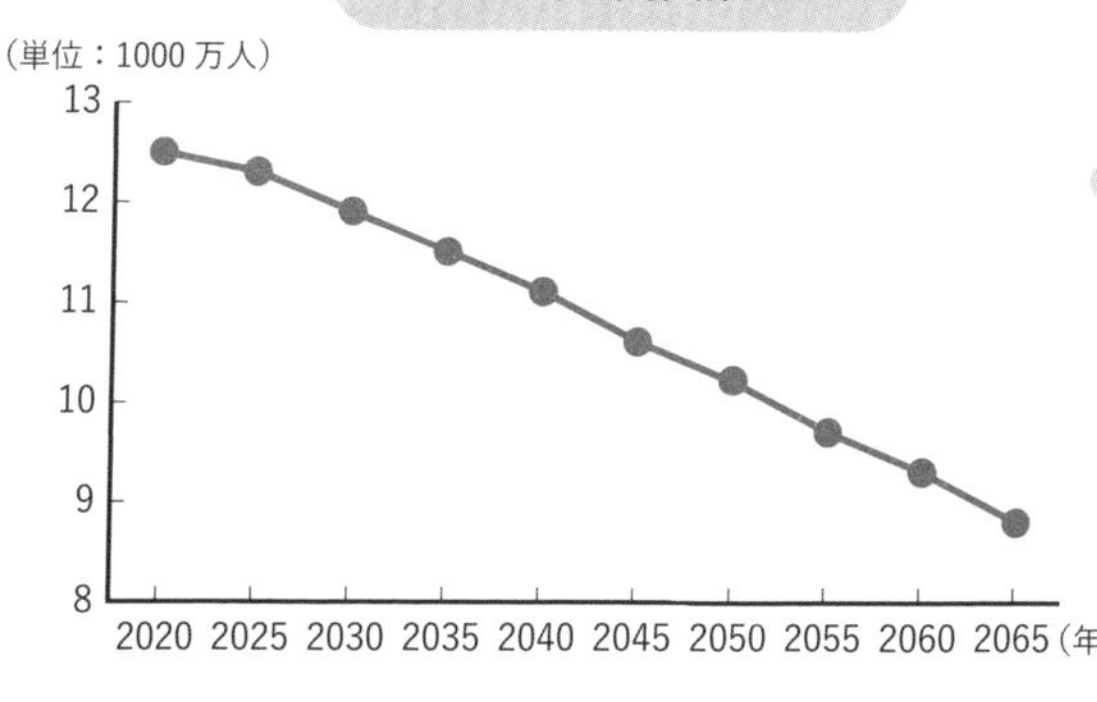

国立社会保障・人口問題研究所の調査によると、今の高校生が60歳になる2063年には、日本人の人口が9000万人を割り込みます。

65歳以上
26%
1億2709万
2015年

たいと思っても、**君の老後を支えてくれる若い人の人口が大幅に減っているのです。**

２０１５年の総人口に対する65歳以上の人口比率は26％です。ところが、２０６３年になると８９９９万人の総人口に対し、65歳以上人口は３４４５万人です。つまり65歳以上の人口比率が38％まで上昇します。**高齢者１人を若者３人で支えることになるのです。**

ここで問題になるのが年金財政です。日本の年金制度は「賦課方式」と言って、現役世代が年金の保険料を払い、年金受給資格を持つ高齢者が保険金を受け取るという仕組みになっています。

したがって、年金を受け取る高齢者の人口比が高まれば高まるほど、現役世代が負担する年金保険料が重くなっていきます。

つまり、消費を活発に行う世代である現役世代は、働いて稼いだとしても、その多くが年金などの社会保険料や各種税金で徴収されてしまうので、純粋に消費に回せるお金が減ってしまいます。

加えて、高齢者が受け取れる年金の額も、痛み分けということで減額されるでしょうから、どの世代においても消費が抑え込まれることになります。

ただでさえ人口減少には消費を抑え込む作用があるのに、日本の場合、総人口に占める高齢者比率が高い超高齢社会なので、さらに消費が落ち込み、経済活動が停滞する恐れがあるのです。

お祖父さん、お祖母さんの考え方は夢のまた夢

人口減少と超高齢化によって消費が落ち込んで経済が成長しなくなれば、**預金の金利は低いままですし、働くことで得られる給料が年々上がることも期待できません。**

こうなると、君のお祖父さんやお祖母さんの世代のような「投資など博打だ。お金は汗水垂らして働くことで得るものだ」という考え方では、資産を増やすことなど夢のまた夢なのです。

そういう時代になるのが自明だからこそ、社会に出て働く前に、高校生のうちからお金や資産運用の知識を身につけておく必要があるのです。

大人も知らない未来の働き方

大企業に就職しても安定は得られない

君たちのお父さん、お母さんが就職した頃は、都市銀行（メガバンク）に入行できれば一生涯安泰と言われました。

ところが、1980年代に13行あった都市銀行が、業界再編の中で、みずほフィナンシャルグループ、三菱ＵＦＪフィナンシャル・グループ、三井住友フィナンシャルグループ、りそなホールディングスという4つの金融グループに集約されました。

この間、かなりの行員がリストラされました。一生涯安泰どころではありません。

出世できなくても銀行に居られるなら給料に困ることもありませんが、取引先などに片道切符で出向に出された人も大勢いたでしょう。いまでは、出向先があればいいほうです。転職先を自分で見つけなければ、仕事がなくなる厳しい現状になっています。

せっかく学生時代に良い成績を収めて都市銀行に入ったのに、人生設計そのものが大きく狂ってしまった人がたくさんいるのです。

働く場を自由に変えられる時代

これは銀行に限った話ではありません。学生の人気就職先で必ず上位に来る会社で、今も業績が絶好調というところは、むしろ少ないかもしれません。

リクルートが行った「就職ブランド調査」によると、1965年卒業の人気企業は、1位が東洋レーヨン、現在の東レです。そして、旭化成工業、松下電器産業、旭硝子、川崎製鉄などの企業が並んでいます。

今では「斜陽産業」の会社も、かつては学生にとても人気の高い会社だったのです。

大企業でも、世の中の変化に対応していけない会社は、どんどんダメになっていくのです。ましてや昨今は、ものすごいスピードで経営環境が変化していますから、なおのことです。

昔は日本経済が右肩上がりで成長していましたし、グローバル市場で競争する相手も少なく、時代の変化も緩やかでしたから、大企業に就職して定年まで勤めあげるのが、社会人として理想的なキャリアでしたが、もうそういう時代ではありません。

逆の見方をすれば、それだけ自由に働く場をどんどん変えていけ

る時代になったということです。

それこそ今から30年前は、転職が悪とみなされる風潮さえありました。今は一度や二度、転職するのが当たり前という時代です。

とはいえ、転職するにしても独立するにしても、常に不安感がつきまとうのは収入です。AI（人工知能）エンジニアや、テック系のスペシャリストなど、引く手あまたのスキルを持った人は別ですが、今の会社と同等の収入が得られるかどうかは気になります。

だからこそ**資産運用をしっかり行い、就職した会社がどのような状況に直面しても、十分に生活できるお金を得られるようにしておく必要があります。**仕事以外に収入がある人は強いです。

時代が変われば働き方も変わる

これからの時代、変わるのは働く会社だけではありません。働き方も変わります。

かつて社会に出て働く場合、会社の正社員（正規雇用者）になるのが当たり前でした。会社から与えられた仕事を黙々とこなすことが求められました。

その後、1980年代のバブル期に「フリーター」という言葉が登場し、転勤も残業もない、いわゆる非正規雇用者として働くことが、選択肢に入ってきました。

非正規雇用は年々増加して、2020年時点の非正規比率は37・8％です（正規雇用者数3483万人、非正規雇用者数2119万人）。10人のうち約4人が、非正規雇用ということになります。

現在、非正規社員の増加で問題になっているのが、労働条件です。非正規社員は正規社員に比べてリストラの対象になりやすく、同じような仕事をしても、給料は安く設定されます。給料が増えることもありません。

ここでも大事なことは、お金です。もし、生活するのに十分な資産運用の収入があったらどうでしょうか。**給料に縛られることがなければ、フリーランスとして自分のスキルを活かす仕事をすることもできます。起業することもできます。自分の好きな働き方を選ぶことができるのです。**

資産

10年前は誰も知らなかった高収入の仕事

新型コロナウイルスの感染拡大が深刻化するなかで、テレワークを積極的に活用して、出社せずに働ける会社が増えました。

テレワークの実現によって、住む場所にとらわれることなく、仕事をすることが可能になっています。満員電車に揺られて出社するというスタイルは、これから徐々に消えていくかも知れません。

副業を認める会社も増えています。通勤時間が無くなった分を、副業に当てて収入を得る人も増えています。

その副業も、ユーチューバー、

eスポーツなど、10年前には誰も知らなかった高収入の仕事が登場しています。副業を本業に変えた人もいます。

このように、時代が変われば働き方も変わるのです。とはいえ、自分の身体を使って働くには限界があります。

だからこそ、お金に働いてもらうという発想が重要になります。投資を通じてお金にも働いてもらうことで、収入源を増やすのです。**株式を購入した会社が2社、3社と増えていけば、それだけ収入源も増えていきます。**

多様な働き方ができる時代だからこそ、お金に働いてもらうための知識とスキルが必要になってくるのです。

49%の仕事がAIやロボットに奪われる

働き方でいうと、AI（人工知能）が注目されています。

AIは、新しいようで実は古くから研究が続けられてきました。最初にAIの概念が登場したのは1950〜60年代です。その後下火になりつつも、AIの研究は粛々と進められ、1980年代に第2次AIブームを迎えました。

その後、再び冬の時代を迎えますが、IT技術の普及やディープラーニングの技術の登場によって、2006年頃から第3次AIブームが盛り上がって、現在に至っています。

現在のAIの能力は飛躍的に向上しています。

君は「シンギュラリティ」という言葉を聞いたことはありませんか。簡単に言うと、AIの能力が人間の能力を超えてしまうことです。2045年にはそれが現実化するだろうと言われています。

AIが人間の能力を超えたら人間の存在はどうなるのだろうと考えている人もいるでしょう。世の中のさまざまな部分に、広範な影響を及ぼすのは、間違いないと思います。

では、どのような影響が考えられるでしょうか。シンギュラリティが起こる前に、AIの能力は人間の能力にかなり近づいていきますから、その段階ですでに多く

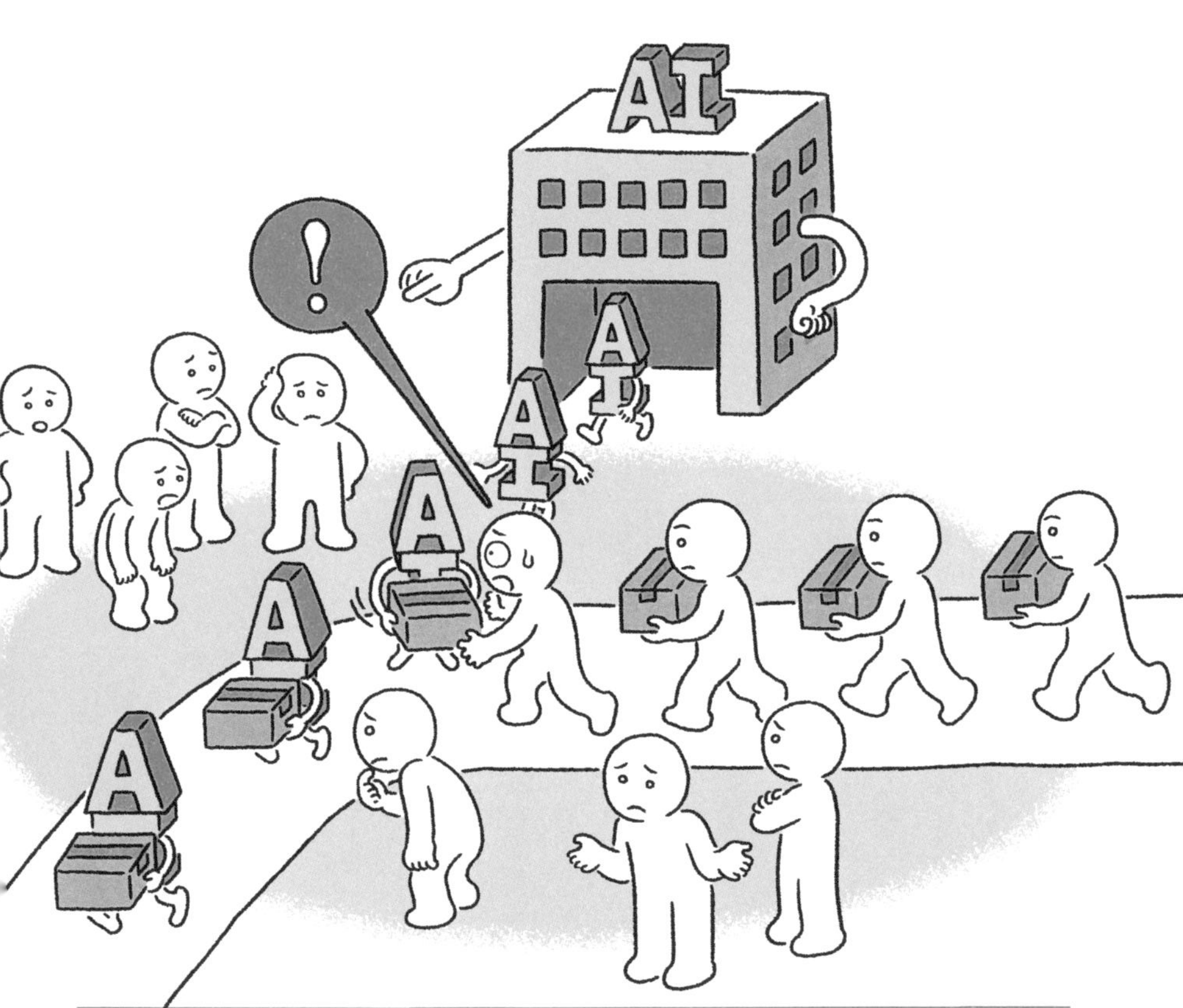

の仕事が人間から機械に置き換わっていくでしょう。

人間の手を煩わせなくても、機械でこなせる仕事はすべて機械に置き換わり、人間の仕事がどんどん無くなっていきます。

少し前のレポートですが、野村総合研究所が英オックスフォード大学のマイケル・A・オズボーン准教授やカール・ベネディクト・フレイ博士との共同研究で、国内の601種類の仕事について、それぞれAIやロボットで代替される確率を試算したというものがあります。

それによると、10～20年後に、日本の労働人口の約49%が就いている仕事について代替可能という推計が出されました。

AIの会社に投資すればいい！

ちなみにこのレポートが出されたのは2015年ですから、10〜20年後というと、2025〜35年の話です。つまり、君が社会人になって働き始めたか、ビジネスの第一線で活躍しているあたりの時期にぶつかります。

このレポートでは参考として、AIやロボットに代替される可能性の高い仕事、代替されにくい仕事を取り上げています。

代替される可能性の高い仕事の大半は、一般事務などの単調で自動化が進んでいる仕事です。一方で、クリエイティビティが求められ、人間同士の協調性や理解、説得などが求められる仕事は代替されにくい傾向がみられます。

君の仕事が代替可能性の高いものだとしたら、どうしますか。代替可能性の低い職業に転職しますか。

もちろんそれも方法の1つですが、お金の知識があれば、十分に対応することができます。たとえば、AIやロボットに関連する会社の株式を買うのです。

そうすれば、**自分の仕事がAIやロボットに代替されたとしても、その会社の株価の値上がりや配当金によって収入を確保できます。**

お金や投資のことをしっかり学んだ君なら、将来、どういう状況になっても、きっと大丈夫です。

これからの投資家に求められること

投資家には世の中を変える力がある

働く会社も、働き方も大きく変わろうとしている時代に、株式投資家になるとしたら、君はどういう投資家を目指しますか？

お金に振り回されない生活を手に入れるお金を稼ぐ投資家、自分の夢を叶えるためのお金を稼ぐ投資家、それともデイトレーダーになって何億円、何十億円という資産家を目指しますか。

自分のお金を増やすのもいいのですが、**社会を変えるきっかけをつくる投資をしてみたいと思いませんか？** 投資家の行動には、社会を変える力があるのです。

古くは1920年代の話です。欧米で教会の資金を運用するに際して、タバコやアルコール、ギャンブルなど、キリスト教の教義に照らし合わせて相応しくないと思われる業種を、投資対象から外すという動きが広まりました。

ベトナム戦争では、AP通信社のカメラマンが撮影した1枚の写真が大きな話題を呼びました。ナパーム弾の攻撃を受けた人々の中、全裸で逃げる一人の少女に焦点を当てた写真です。この写真が報じられたことで、世界的にベトナム反戦運動が広がりました。

投資家も行動しました。ナパーム弾を製造していたダウ・ケミカルに対して、同社の株主は、その製造中止を訴える株主提案を行ったのです。

南アフリカの人種差別政策であるアパルトヘイトに対しても、米国の大手自動車メーカーであるGMに対して、南アフリカから事業を撤退させるべきだとする株主提案が行われたことがあります。

君の100円が世の中を変える

最近はＥＳＧ投資が話題になっています。投資をする際に、従来は財務諸表や損益計算書などの決算書類の数字を見て投資するかどうかを判断しましたが、それらに加えて**ＥＳＧ投資では、環境（Environment：E）、社会（Social：S）、ガバナンス（Governance：G）の３要素も考慮に入れたうえで投資先を選びます。**

この３要素を見ればわかると思いますが、それらに配慮して投資先を選ぶことによって、たとえば地球環境に対して配慮していない会社、反社会的な会社、企業統治がしっかりしていない会社は投資対象から外されるリスクが高まります。投資対象から外されれば、株価は下がります。

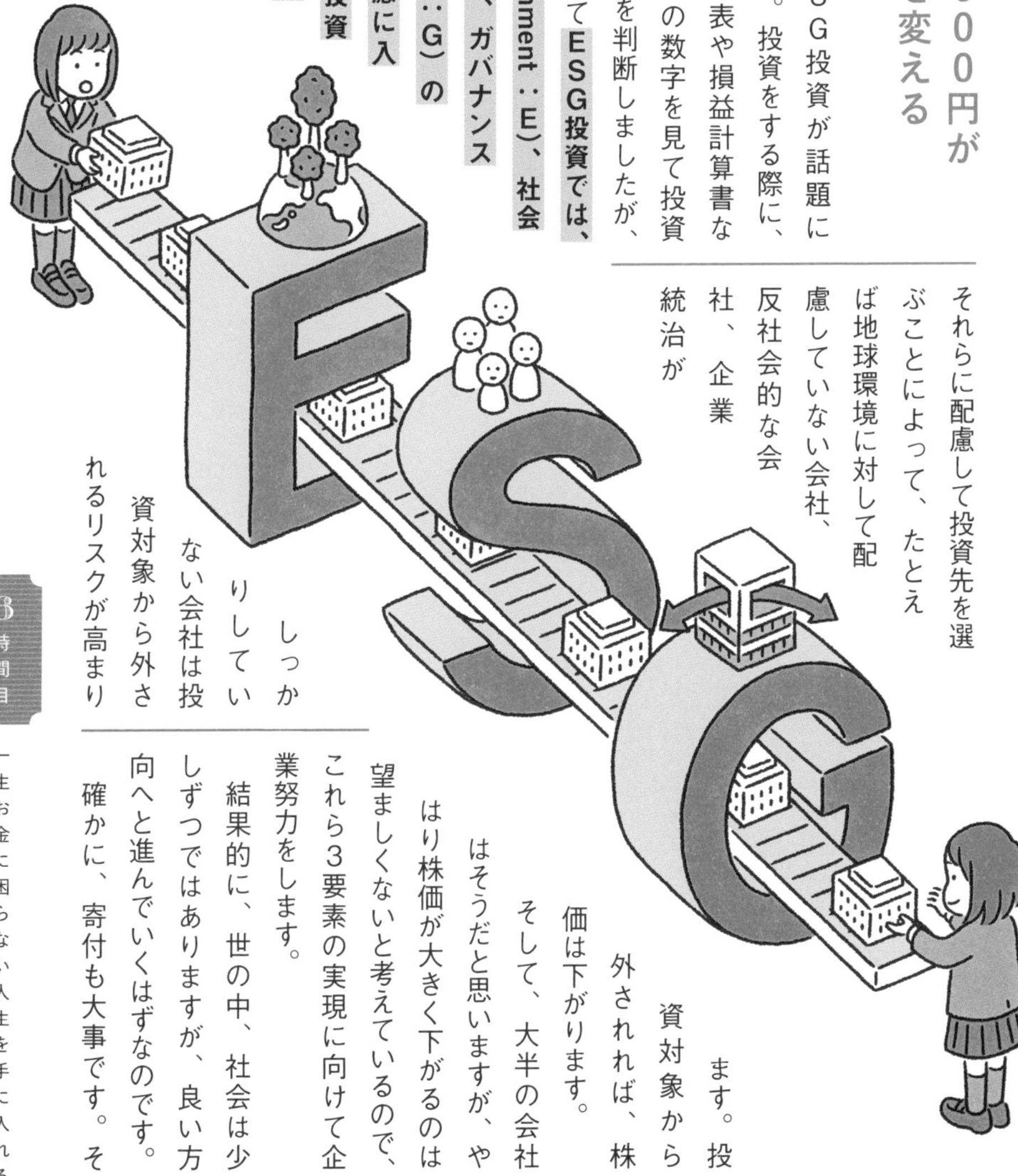

そして、大半の会社はそうだと思いますが、やはり株価が大きく下がるのは望ましくないと考えているので、これら３要素の実現に向けて企業努力をします。

結果的に、世の中、社会は少しずつではありますが、良い方向へと進んでいくはずなのです。

確かに、寄付も大事です。そ

れは紛れもない事実ですが、同時に、この世の中を大きく変えて、より良くしてくれると信じられる企業への投資も大事です。

投資家の1000円札1枚でも、世の中を大きく変えるきっかけになるのです。

1531兆円が日本には眠っている

個人のお金が世の中を変えるように、会社のお金も世の中を良くする力を持っています。ところが、日本にはお金が滞り続けているのです。

日本経済は1990年代に入ってから現在に至るまで、ほとんど成長してきませんでした。停滞の歳月を費やしてきたのです。それは数字を見れば一目瞭然です。

1990年、米国の実質GDPは9兆3655億ドルでした。それが2020年には18兆4225億3000万ドルでした。この30年間でほぼ倍増です。

では、同じ期間の日本はどうでしょうか。1990年の実質GDPは426兆6292億円で、2020年が528兆9520億円です。若干増えてはいますが、たったの1・2倍です。

一時は米国を追い抜くのではないかとまで言われた日本経済ですが、実際には、追いつくこともできないまま、ものすごい差をつけられてしまいました。

これは、バブル経済の崩壊で、巨額の不良債権が積み上がり、複数の大手金融機関の破綻によって金融不安が高まり、それが実体経済にまで悪影響を及ぼしたからですが、それと同時に、多くの日本企業が委縮した状態からなかなか抜け出すことができなかったからでもあります。

今、**日本にはものすごい額の現金があります。**会社の内部留保と言われる利益剰余金は総額で475兆円。そして個人金融資産のうち現預金が1056兆円です。合計で1531兆円もの現預金が、投資にも何にも回らず、じっと眠っているのです。

もし、個人が自分の持っている資産の4分の1を投資に回したらどうなるでしょうか。2021年4月末時点における、日本の株式市場の時価総額は728兆3905億円ですから、260兆円もの資金が流れ込んだら、株価はあっという間に値上がりします。

あるいは投資家になれば、企業がたくさん抱え込んでいる内部留保を有効活用するように、経営者に進言することもできます。

もちろん、コーポレートガバナンスと言って、株主の統治のもとに健全な企業経営が行われる土壌が必要になりますが、徐々にその点は改善が進められています。

会社の内部留保と個人の現預金を合わせて1531兆円もの現預金が眠っています。世の中を良くすることなく、お金が滞り続けています。

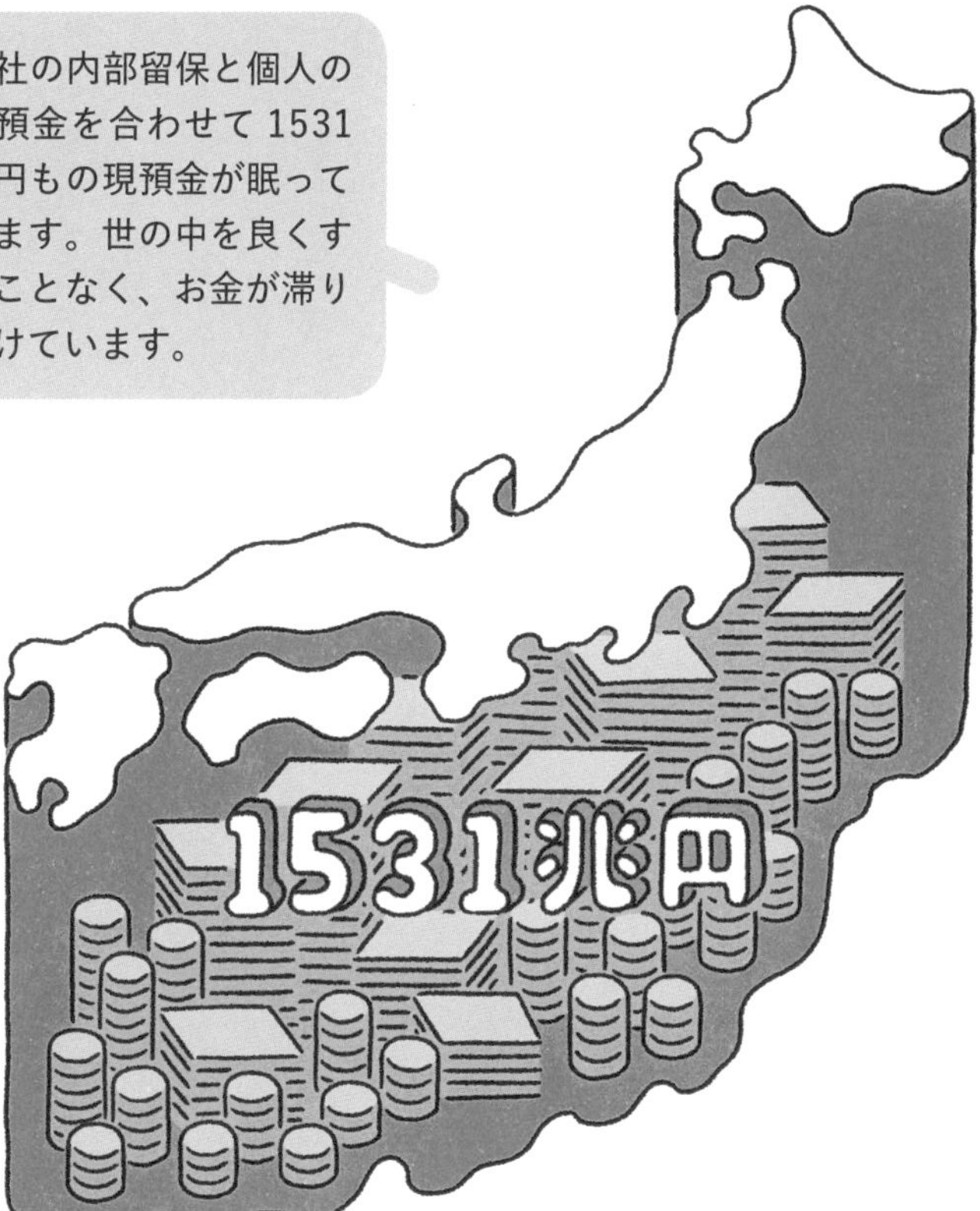

1531兆円

お金を循環させて資産を増やそう

個人が投資に目覚め、現預金に滞留しているお金の4分の1が株式市場に流れ、大勢の投資家が誕生し、コーポレートガバナンスの下で経営者に内部留保の有効活用を進言して、それが実行に移されたら、日本経済は確実に活性化されていきます。

しかも、内部留保の有効活用でさまざまな投資や研究開発が進めば、日本の会社は再び世界的に活躍できる状態になる可能性もあります。

確かに、「怖い」という気持ちがあるのはわかります。会社が内部留保を手厚く積み上げるようになったのは、やはりリーマンショックで資金繰りが悪化する会社が続出したからですし、個人が現預金を増やしているのは、自分自身の老後が心配だからです。

でも、そうやって委縮していると、ますます状況は悪化していきます。現預金をいくら貯め込んでも、何の付加価値も生み出しません。この本の冒頭でも言いましたが、お金はあくまでも道具なのです。道具は使って初めて意味を持ちます。お金も同じです。使って初めて新しい付加価値を生み出します。

会社も個人もどんどん投資を進めていけば、世の中にどんどんお金が回り始めるようになり、経済は良い方向に進みます。

そうなれば、会社は今以上に利益を生み出せるようになりますし、個人も資産を増やすことができるのです。

個人のお金も、会社のお金も同じです。**お金は、さみしがり屋です。ひとりぼっちが嫌いなのです。**だから、世の中を循環させることで、ドドっとお金が集まってくるのです。

LESSON 6-4

自分なりの幸せの基準を持つ

お金に振り回されない人生を送る

君にとって「幸せ」とは何でしょうか。

「お金持ちになること」と答える人はけっこう多いと思います。でも、お金持ちになることが本当に幸せなのでしょうか。本書の最後に、この点を少し突き詰めて考えてみたいと思います。

お金が無ければ、何もできない。お金があれば、人生の選択肢は格段に広がりますし、困っている人を助けることもできます。したがって、お金は無いよりもあったほうがいいのは明らかです。

ただ、だからといって**お金を増やすことだけに執着すると、お金に振り回される人生を送ることになります。**

自分だけが儲かる、自分だけが得するようなことばかりをしていたら、自分の周りからどんどん人がいなくなるでしょう。

あるいはお金を稼ぐのはいいのですが、もっと、もっと欲しいといって無理な投資を繰り返して、財産を失う人もいます。

お金は、増やすことが目的化してしまうと、不幸を呼び込みます。考えてみてください。いくらお金を貯め込んでも、あの世には1円たりとも持っていけないのです。

とはいえ、決して無駄遣いをしろと言っているのではありません。**大事なのは、お金が世の中に上手く循環するような使い方をすることです。**

社会にとって必要な会社の株式に投資するのは、その1つですし、世の中を良くするために活動しているNPOなどに寄付するのもいいでしょう。

自分が儲かることだけ考えると、友を失う

お金が世の中を循環する使い方をしよう！

まずは自分に投資しよう

ここまでの投資の話でほとんど触れてきませんでしたが、君が成長するための「自分への投資」も大事です。

お金が世の中に上手く循環するような使い方をしようと言っても、そもそもお金が無かったらどうにもなりません。そのお金をつくるうえで、君自身が能力を高めていく必要があります。

語学や会計、経営、マネジメント、マーケティング、法律、税務などの知識は、投資をする時にも役に立ちますし、ビジネスの現場でも有効活用できます。

これらの自己投資は一時的にお金が手元から離れていきますが、必ず後になって大きなリターンにつながっていきます。

若いうちは自分に投資をして、将来、大きなキャッシュフローを生み出せるような実力を身につける。お金を生み出す実力がついたら、今度はそのお金を、社会にとって有益と思われる会社の株式に投資する。

そして、**君の資産がどんどん大きくなったら、応援したいと思う社会起業家やNPOに寄付して世の中全体にお金が回るようにしてください。**

子育て、介護、環境保護、地域活性化など、君たちの周りには解決しなければならない社会的課題が数多くあります。

村上顧問の話

私が投資家としてのキャリアをスタートさせる前、18年くらい通産省（現在の経済産業省）で官僚の仕事をしましたが、これは父から「国の仕組みを学ぶために、まずは官僚になれ」と言われたからです。

学生のうちから投資で一財産を築き上げていましたから、そのまま投資家になるという道もあったのですが、父のアドバイスには「なるほど」とうなずかされました。

投資家になるのはいつでもできることですが、キャリア官僚になれるのは今しかありませんし、キャリア官僚として国の政策立案の中心にいられるのは、将来、投資家になるうえでこの上ない財産になると思ったのです。そして、それは実際にそうでした。

これらの課題解決のために素晴らしい活動をしている人たちがたくさんいます。でも、資金が足りずに、大きな影響力を持てないでいる人もたくさんいます。

「誰かが経済活動を行ううえで必要な原資として提供する」ことが投資の大前提ですから、その意味で投資と寄付は同じです。

君の寄付で、社会の問題を解決できた、誰かの役に立てたと実感できれば、かけがえのないリターンが得られます。**お金が増える投資のリターンも、笑顔が増える寄付のリターンも一緒です。君に幸せをもたらしてくれます。**

お金に振り回されるのではなく、お金を自由に動かす。それが本物のお金持ちなのです。

君は、何をしている時に幸せを感じるか？

もう少し身近な話をしましょう。君は、何をしている時に幸せを感じますか？

高校生の君は、「友だちと一緒にいる時」「美味しいものを食べる時」「オンラインゲームをする時」「好きなミュージシャンのライブに行く時」「映画を観る時」「部屋でぼーっとしている時」などといったことが挙がると思います。

では、それを実行するためにはどのくらいのお金が必要でしょうか？　そのお金をつくるために、君はどんな工夫をする必要があるでしょうか？

美味しい食事、海外旅行、
家族など、自分の幸せの基
準を見つけて、お金に振り
回されない人生を手に入れ
よう！

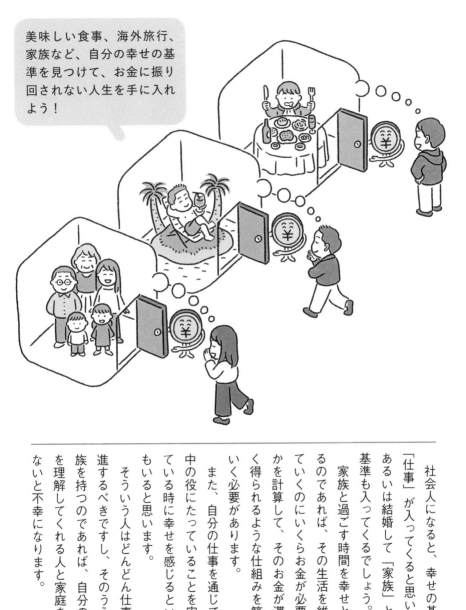

社会人になると、幸せの基準に「仕事」が入ってくると思います。あるいは結婚して「家族」という基準も入ってくるでしょう。

家族と過ごす時間を幸せと感じるのであれば、その生活を維持していくのにいくらお金が必要なのかを計算して、そのお金が滞りなく得られるような仕組みを築いていく必要があります。

また、自分の仕事を通じて世の中の役にたっていることを実感している時に幸せを感じるという人もいると思います。

そういう人はどんどん仕事に邁進するべきですし、そのうえで家族を持つのであれば、自分の仕事を理解してくれる人と家庭を築かないと不幸になります。

いずれにしても、人によって幸せの基準は異なりますし、何が正しくて、何が間違っているのかということもありません。

大切なことは1つです。

君にとっての幸せを実現するために、道具としてのお金を手に入れることです。

自分が今、何をするのが幸せなのかという軸を持たないと、ただただお金を貯めるだけの人生になります。

それは結局、お金に振り回されるだけの人生になります。それはやはり不幸なことです。

ですから、まずは自分の幸せの基準を見つけて、そのうえで世の中にお金を循環させる方法を考えてほしいと思うのです。

究極の幸せはミッションの追求

究極の幸せとは何かを考えると、それはミッション（使命）の追求なのではないかと思います。

高校生の君は、まだ自分のミッションが何か、わからないと思います。どうすれば自分のミッションに気付けるのでしょうか。

それは今、自分に与えられたことに一所懸命に取り組むことです。高校生なら勉強や部活に、社会人になったら与えられた仕事に一所懸命に取り組んでください。

勉強にしても仕事にしても、ただ漫然と続けるのではなく、なぜ学ぶのか、なぜ働くのかを常に考えてください。すると、世の中を良くするために、自分がしたいことが見つかります。それが、君のミッションです。

最後に、日本人だけではなく世界中の人々にとって共通のミッションがあります。それは、平和を維持する、貧困を無くす、多様性を認める、差別を無くすなど、世の中を少しでも誰にとっても良い方向に進めていくことです。

そして、これらの課題を解決するための地下水脈として「お金の流れ」があるのです。お金が脈々と流れなければ、何も実現できません。それだけお金は大切なものなのです。

1時間目で解説した「お金の必要性の4段階」を覚えていますか？　第1段階が「自立して生き

るのに必要なお金」、第2段階が「やりたいことをするためのお金」、第3段階が「不測の事態に備えるためのお金」、第4段階が「他人や社会のために使うお金」です。

高校生の君が、お金や投資の正しい知識を身につければ、社会人になった時に、第4段階に向けて、このステップを上がっていけるでしょう。

そして、お金に振り回されない人生を手に入れた君が、よりよい未来を創っていくのです。

村上顧問の話

自分自身を振り返ってみると、40歳の手前で通産省を辞めて、投資家として独立したのは、経営者と株主の役割や、会社のガバナンスを明確化して、健全な株式市場にしたいと思ったからです。

当時、日本の上場企業の中には、経営陣が会社を私物化し、株主の権利を無視したような経営をしているところがいくつもありました。世界的に見て、おかしな構造になっている日本の上場企業、ひいては株式市場を正常な形にしないと、日本の未来はないと思ったのです。

その時に立ち上げた「村上ファンド」は、残念ながら志半ばで解散せざるを得ない状況に追い込まれてしまいましたが、私は今も、昔から考えていた「自分の一生をかけて日本にコーポレートガバナンスを浸透させる」というミッションを忘れたことはありません。

それを実現させて初めて、「世の中をスムーズにお金が循環し、経済も金融市場も活性化され、かつ財政問題や社会保障問題、他の少子高齢化によって生じるさまざまな問題が解決し、皆がいきいきとした人生を送れる」ようになると信じているからです。

LESSON 6-5

N/S高投資部　お金に振り回されない宣言！

N/S高投資部の1期生と2期生の部員に、投資部の活動で学んだことを聞いてみました。

質問　印象に残っている村上顧問の言葉

- お金はどんどん回すことが大事。
- シナリオが崩れた時が売る時。
- 数字を覚えるのが得意な人が投資家に向いている。
- 急激に上がった株は急に下がる。
- 需要と供給でモノの値段が決まる。
- 応援したい企業と伸びそうな企業は分けて考えるべき。
- 全部調べ尽くす。気になったらIRに直接質問する。
- 期待値の高い会社に投資する。

質問　売買で教わったことは？

- 上がり始めたら買え、下がり始めたら売れ。
- 感情に揺さぶられず、持ち続けることも大事。
- 売却後でも、さらに成長が見込めるのであれば再び購入するのも全然ありだ。

- 自分の思い通りの動きにならなかった時に売る。
- 常に売る準備をしておく。
- なぜ下がったのかという理由だけは明らかにしておく。

質問

社会人になった時、株式投資はどういう点で役に立つ?

- さまざまな観点で物事を考える癖がつくと思う。

- 自分が働く企業や業界についてより深く理解することにつながると思う。
- 先を見通す力を培うことができると思う。
- 資産を形成するために役立つと思う。
- 社会を客観的に見る力に役立つと思う。
- ソーシャルビジネスやNPOを運営する上での資金調達に役立つと思う。

質問

君の人生のミッションは?

- 周りの人を幸せにすること。
- 幸せな家庭を築くこと。
- 余裕のある生活。
- 次世代の小中高校生に、こんな大人になりたい、そんな人生があるんだと思ってもらえるような人生を送ること。
- 自分が楽しいと思っていることを追求する。
- 日本の教育を良くし、世界で通用する国にしたい!
- 誰一人取り残さない社会の実現。

・自分に子どもができた時に、お金の大切さについて教えること。

質問
お金に振り回されない人生を手に入れるために大切な教訓は？

・自分を信じろ！
・夢を持て！
・将来やりたいことを決めろ！
・夢の実現のためにお金を稼げ！

・お金は貯めるより使え！
・お金を自分の将来や進路に活かせ！
・とことん調べろ！
・自発的に学べ！
・購入前に仮定をしっかりと立てろ！
・多角的に情報を捉えろ！
・仲間と意見交換をしろ！
・社会に目を向けろ！
・データを見て未来のことを考えろ！
・頼れる人はとことん頼れ！
・常に平常心！
・積極的にチャレンジしろ！
・自分なりの基準を持て！

・根拠のない投資はするな！
・わからないものに手を出すな！
・上がるかもは、上がらない!!
・投資する会社を、誰よりも愛し、誰よりも語れるようになれ！
・売った時に成功・失敗の理由を必ず考えろ！
・精神的に辛くなったら1週間くらい投資から離れろ！
・焦って株をすぐに売るな！

- ある程度のリスクを取り、挑戦し続けろ！
- さまざまな投資手法を実践し、自分に合う最善の手法をモノにしろ！
- 常に最悪の状況を想定しろ！
- たまには、休憩し、俯瞰しろ！
- 失敗は今後の教訓になる！
- 自分の行動に責任を持て！
- 落ち着け！
- ビビらない！
- ＩＲを積極的に活用しろ！
- 投資手法は十人十色！
- 株式投資の楽しさを十二分に味わえ！

おわりに

この本は、N/S高投資部の1期生と2期生の部員たちの協力も得ながら制作した「お金と投資の教科書」です。

投資部の活動は、各期1年という短い期間ではありますが、村上世彰特別顧問から、お金や投資について学んだ部員たちが、とても頼もしく成長してくれました。

普通に高校生活を送っている限り、たとえアルバイトをしたとしても、経済活動のダイナミズムを意識することは少ないでしょう。しかし、株式投資は違います。「どの会社に投資すればいいのか」「今、買うべきなのか、売るべきなのか」など、さまざまな資料や情報から判断を下す必要があります。

しかも、国語や数学、英語などの勉強とは違って、株式投資には「これが絶対」という正解がありません。だから、自分で考え、自分の価値観に基づいて、その会社の株式には投資する価値があるのかどうかを判断しなければならないのです。そのためには、自分で考え、行動する主体性が何よりも求められます。

実際、投資部で1年間学んだ部員たちからは、いろいろな声が寄せられました。

「ニュースを見聞きするのが楽しくなった」

「嫌々ながらやっている勉強の意味がわかり、興味が持てるようになった」

「親との会話が増えた」
「いかに自分の頭で考えるトレーニングをしてこなかったかを痛感した」
「自分が進むべき道を見つけることができた」

高校生のうちにこのような気付きが得られたことは、これからの人生において、とても大きな財産になるはずです。

なぜなら株式投資を通じて、他の同世代の人たちに比べて一足早く、社会にかかわることができただけでなく、ここで得られた気付きは、単なる知識ではなく、自分で主体的に行動した結果、得られた知恵だからです。

株式投資は、単にお金を増やすためだけのツールではありません。株式投資を通じて社会を知り、実際に投資することによって、世の中が本当に必要としているところにお金を回すことができます。

投資家の行動で、世の中を変えることもできるのです。

18歳で選挙権を持つことと同じように、社会に出る前に株式投資を通じて社会とかかわることが当たり前という時代になったらいいな、と思います。この本がその一助になれたら、これに勝る喜びはありません。

学校法人角川ドワンゴ学園　キャリア開発部
松井尚哉

Special Thanks!

この本の制作にあたり、N/S 高投資部の1期生と2期生に資料提供やアンケートのご協力をいただきました。ありがとうございました。また、特別授業や企業訪問など、投資部の活動にご協力いただきました外部講師、各社 IR 担当者、村上財団のみなさまにも感謝いたします。

●1期生

秋山篤憲
伊藤光基
倉田速音
黒澤　颯
疋田美生
光澤加偉
三村陽祐
ゆーき
矢能陸央

●2期生

アイカ
麻　拓也
あず
押領司湧雅
河野響暉
きゃん
こっちゃん
ごん
中川慧香
濱本菜々子
樋渡夏怜
南美羽
もゆ
山下愛里彩
山下奎輔
山田大地
ヤマト
@修々
横島光希
和賀陽樹
hoshiko
IH
IM
k
mo
mato
OK
SK
YK
Yuri

参考文献

会社四季報編集部『得する株をさがせ！ 会社四季報公式ガイドブック』東洋経済新報社、２０２０年
『会社四季報』各号、東洋経済新報社
『会社四季報 業界地図』各年版、東洋経済新報社
ジョージ・S・クレイソン『バビロンの大富豪』大島豊訳、グスコー出版、２００８年
ボード・シェーファー『マネーという名の犬』村上世彰監修、田中順子訳、飛鳥新社、２０１７年
藤野英人『14歳の自分に伝えたい「お金の話」』マガジンハウス、２０２１年
三田紀房『インベスターZ（全21巻）』講談社
村上世彰『生涯投資家』文藝春秋、２０１７年
村上世彰『いま君に伝えたいお金の話』幻冬舎、２０１８年
村上世彰『村上世彰、高校生に投資を教える。』ＫＡＤＯＫＡＷＡ、２０２０年
メアリー・バフェット、デビッド・クラーク『億万長者をめざすバフェットの銘柄選択術』井手正介、中熊靖和訳、日本経済新聞出版、２００２年
ロバート・キヨサキ『改訂版 金持ち父さん 貧乏父さん』白根美保子訳、筑摩書房、２０１３年
その他、各メディアの報道記事、上場各社のＩＲ情報などを参考にさせていただきました。

【著者紹介】

N/S高投資部

インターネットと通信制高校の制度を活用する「ネットの高校」として話題を集めるN高等学校・S高等学校の部活動。高校生の時期から株式投資に挑戦することで、社会や経済の仕組みを実践的に学ぶことを目的としている。部員は、村上財団や角川ドワンゴ学園から提供される運用資金20万円を元手に、村上世彰特別顧問による講義やフィードバック、外部講師の特別授業を受けつつ、自分の頭で考えながら株式投資を実際に経験することで、お金や投資の本質について学んでいる。

【監修者紹介】

村上世彰（むらかみ　よしあき）

1959年大阪府生まれ。東京大学法学部卒業後、通商産業省（現・経済産業省）に入省。日本経済の持続的な成長のためにはコーポレート・ガバナンスの普及が重要であることを実感し、40歳を目前にファンド会社を設立。現在はシンガポールに拠点を移して投資を行う。また、日本の社会的課題の解決に寄付を通じて貢献したいという想いが募り、村上財団を創設。働く女性の労働・生活環境のサポート、未来の日本を創る中高生の金融教育や社会支援に積極的に取り組んでいる。

読んだら一生お金に困らない　N/S高投資部の教科書

2021年12月23日発行

著　者――N/S高投資部
監修者――村上世彰
発行者――駒橋憲一
発行所――東洋経済新報社
〒103-8345　東京都中央区日本橋本石町 1-2-1
電話＝東洋経済コールセンター　03(6386)1040
https://toyokeizai.net/

装　丁…………藤塚尚子
D T P…………e to kumi
イラスト…………白井　匠
編集協力………鈴木雅光
印　刷…………東港出版印刷
製　本…………積信堂
編集担当………水野一誠

ISBN 978-4-492-73360-8